本书由中国劳动和社会保障科学研究院资助出版

平台经济、就业与劳动用工

曹　佳·著

中国出版集团

研究出版社

图书在版编目 (CIP) 数据

平台经济、就业与劳动用工 / 曹佳著 . –– 北京：
研究出版社 , 2020.7

ISBN 978–7–5199–0851–5

Ⅰ . ①平… Ⅱ . ①曹… Ⅲ . ①劳动关系 – 管理 – 研究
– 中国 Ⅳ . ① F249.26

中国版本图书馆 CIP 数据核字 (2020) 第 023085 号

出 品 人：赵卜慧
责任编辑：刘春雨

平台经济、就业与劳动用工

PINGTAI JINGJI、JIUYE YU LAODONG YONGGONG

曹 佳 著

研究出版社 出版发行

（100011　北京市朝阳区安华里 504 号 A 座）

河北赛文印刷有限公司　新华书店经销

2020 年 7 月第 1 版　2020 年 7 月北京第 1 次印刷
开本：710 毫米 ×1000 毫米　1/16　印张：13.75
字数：181 千字

ISBN 978–7–5199–0851–5　定价：58.00 元

邮购地址 100011　北京市朝阳区安华里 504 号 A 座
电话（010）64217619　64217612（发行中心）

前　言

就业是民生之本、财富之源，在党和国家工作大局中始终占据着十分重要的地位。2018年7月的中共中央政治局会议要求，做好稳就业、稳金融、稳外贸、稳外资、稳投资、稳预期工作，把稳就业居于首位。2018年底召开的中央经济工作会议要求，要全面正确把握宏观政策、结构性政策、社会政策取向，确保经济运行在合理区间。2019年的《政府工作报告》首次将就业优先政策置于宏观政策层面，旨在强化各方面重视就业、支持就业的导向。这标志着我国宏观经济政策目标正在从"保增长、稳就业"向"保就业、稳民生"转变。

随着互联网经济的发展，越来越多的新商业模式、经营形态如雨后春笋般出现，"新业态"一词应运而生。平台经济正是经济新业态众多表现形式中的一种。目前，我国平台经济的发展已经经过网页时代，进入平台时代和基于创新力的分享时代平台经济市场规模快速增长，主要互联网上市公司都是平台型企业，越来越多具有"平台经济"特征的企业不断创造着成功的传奇，从门户网站、网络游戏、各种电子商务到网上社区、第三方支付等不断创新。平台经济的出现正在重构人类的工作、交往、价值创造和分配方式。回顾这几年来平台经济的发展，有很多消费者都会感怀与其"初见"时的良好体验。"以前打车很不方便，路边会等很久，有了平台之后，只需要在App上输入地址，附近的出租车就会接单，信息对称了，出行也方便多了。""共享单车省时省力省钱，解决了家到地铁的最后一公里。"……当然，新生事物在经历了其野蛮成长期之后，也会暴露出一系列问题，如部分平台型企业顶着共享平台的概念，实则被资本绑架，最终没有承受住市场的考验，经营难以为继。我国政府对新业态模式采取了包容审慎的态度，先允许其发展，并在发展中纠正问题。实践也已经充分证明，正因为我国政府相对宽松的政策环境，才促成了平台经济、共享经济在我国的可持续发展。

从国外平台经济发展的状况来看，美国独占鳌头，其公众参与度与发展水平可谓是全球最高。从涉及的行业领域看，美国的平台经济领域也是不断拓宽的。近几年，平台经济从最初的汽车、房屋分享迅速渗透到金融、餐饮、空间、物流、教育、医疗、基础设施等多个领域和细分市场。其经营模式也随着行业的拓宽而不断丰富，平台经济从业者的规模不断扩大。据美国财捷集团的数据显示，到 2020 年，预计美国的劳动大军中有约 40%，大约 6000 万人为自由职业者、临时工或承包人。在欧盟，平台经济在一些经济部门中已经开始占据不小的市场份额。在短租、公共交通、家政服务、专业和技术服务、分享金融等五个主要的分享经济领域，收入总额翻番增长，并且继续呈现出强劲的增长势头。平台经济为消费者和创业者创造了新的机会，出现了新型的就业形态，欧盟根据工作定义，将之归纳为九大新型雇佣形式：雇员共享、岗位分担、凭单工作、临时管理、临时工作、ICT 移动办公、群体雇佣、组合式工作、协作模式。大多数新型雇佣形式一般都涵盖整个经济活动和所有职业，即使在实践中仍然是以某些产业或职业为主。

　　在平台经济出现并蓬勃发展的宏观大背景下，我国的就业形势会朝着什么样的方向发展，平台经济发展与带动就业的关系如何，就业之后的劳动关系、社会保障等会遇到什么样的问题和挑战，习近平总书记在2019年新年贺词中提到的"快递小哥""出租车司机"等千千万万的我们美好生活的创造者、守护者在这个平台的工作状况究竟如何呢？这都是亟待探寻和回答的问题。因此，关注研究在平台经济发展下的就业、劳动关系等相关问题，能够更加真实地反映平台经济下就业的变化及对就业的影响，以满足决策者与决策支持部门的需要，能够切实关切平台经济从业者们的所盼所需，理顺政府、企业、从业者之间的关系，为平台经济从业者们提供更高质量和更充分的就业基础。

　　出于对平台经济这一新生事物快速发展、迅速改变人们生产和生活状况的好奇，出于对新业态从业者们劳动状况存在隐患的担忧，出于对中国人力资源和社会保障部中心工作对于新业态就业、劳动关系、社会保障等领域的关切，笔者于2017年承担了该部政策研究司重大课题《完善适应新业态下的劳动用工和社会保障相关问题研究》和中国劳动和社会保障科学研究院基本科研重大项目《基于平台经济发展带动就业的政策研究》，并得到了中国劳动和社会保障科学研究院青年科研业务经费的资助。经过近两年的深入研究，其间包括实地调研、案头研究、比较分析、案例剖析、参与会议研讨等，在借鉴和吸收美、欧、日等国（经济体）专家已有研究成果的基础上，在上述两项课题成果的基础上，加上作者后续持续的关注研究，形成本书。

　　本书基于平台经济发展的相关理论，从平台经济的概念、特征、发展入手，从平台经济发展与就业、平台经济发展与劳动用工的角度，运用理论分析、比较研究、实地调研、案例分析等多种研究方法，深入剖析平台经济发展过程中就业、劳动用工等方面存在的问题等。书中重点探讨三个方面的内容：一是在系统阐述平台经济的概念、特征的基础上，勾勒出了我国平台经济发展变动的基本状况，视为全书分析的基石。二是厘清平台经济发展与就业之间的关系，运用数据及典型平台企业的案例说明平台经济创造的就业岗位远远多于被替代的岗位，即平台经济带动就业的正面激励作用大于其负面影响；另外，厘清平台经济与劳动用工的关系，结合用工主体、供需主体、服务类型等因素，将平台企业的经营模式大体分为平台自营、新型共享、加盟合作、多元混合四种类型，其对应的劳动关系类型分为类传统型、去传统型、弱传统型、多元化型四种，并选择代表性的平台企业进行案例分析。在上述分析的基础上得出平台经济就业、劳动关系等方面的相关问题及挑战。这是本书分析的重点。三是借鉴美、欧、日等发达国家平台经济发展带动就业和劳动用工的实践及政策经验，结合不同国家对平台经济发展的不同态度和对劳动力市场的影响，针对我国平台经济发展下的相关问题，提出针对性的对策建议。

　　经济社会发展日新月异，新业态层出不穷，平台企业的业务也随之发生变化，其经营模式和用工形式都会发生调整，对于就业的影响、引发的挑战也不断有新的表现形式，劳动者们的职业类型会增加，就业形式会变化，权益保障需求会更新……本书的写作虽然已经完成，但是对于平台经济下就业、劳动用工的研究还没有结束，作为就业工作战线上的一名科研工作者，笔者将本着"不忘初心、方得始终"的态度，对新业态下的就业、劳动用工及相关问题进行持续跟踪研究，为我国的就业工作贡献自己的一份力量。

曹　佳

2019 年 8 月 2 日于北京

目　录

图表目录

引　论

一、写作本书的目的

随着"互联网+"计划的实施和信息技术的飞速发展，平台经济正在迅猛发展，越来越多的平台型企业纷纷涌现，并催生了新一轮的平台经济浪潮。平台经济是以互联网等现代信息技术为基础，基于平台向多边主体提供差异化服务，从而整合多主体关系，创造价值，使多主体利益最大化的一种新型经济。其实质是全球化、信息化、网络化三大趋势的集大成者。

近几年来，我国的平台经济市场规模快速增长，主要互联网上市公司都是平台型企业，越来越多具有"平台经济"特征的企业不断创造着成功的传奇，从门户网站、网络游戏、各种电子商务到网上社区、第三方支付等不断创新。如滴滴出行、58同城等O2O平台的大范围兴起都是如此。平台经济越来越深入地融入人们的工作和生活，改变了企业的生产经营方式和人们的生活方式，成为推动经济发展的新引擎，给整个经济社会的发展带来了深远的影响，具有划时代的意义。这种影响也体现在劳动力市场上，越来越多的劳动者也开始依托这些平台就业，与平台经济相伴相生的新就业形态从业者的规模不断上升。据《中国共享经济发展报告（2019）》数据显示，2018年我国共享经济市场交易额为29420亿元，比上年增长41.6%；平台员工数为598万，比上年增长7.5%；共享经济参与者人数约7.6亿，其中提供服务者人数约7500万，同比增长7.1%。平台经济和共享经济等新业态在推动服务业快速增长、结构优化、消费方式转变等方面的新动能作用日益凸显。2016—2018年这三年来，出行、住宿、餐饮等领域的平台经济、共享经济等新业态对行业增长的拉动作用分别为每年 1.6、2.1 和 1.6 个百分点。据预测，未来几年我国分享经济仍将保持年均 30% 以上的高速增长，到 2020 年分享经济交易规模占国内生产总值比重将达到 10% 以上，在稳就业和促消费方面的潜力将得到进一步释放。

　　当然，快速发展的平台经济带动的新就业形态也面临着政策监管、法律法规、监测体系、责任界定等诸多难点问题，主要体现在政府、平台、从业者、消费者四个方面。具体而言，从政府方面来看，传统意义上按照地域管辖的监管模式在很多方面已经无法实现其功能，二元治理模式需要更新升级；从平台企业方面来看，其法律地位和责任界定不清，关于平台的性质认定、行业归类不明；从从业者个体来看，新型劳资关系、从业者和平台的税收征缴等都无明确规定，这样的就业模式也增大了个体从业者所面临的市场风险，包括收入不稳定、需求变动冲击、价格变动冲击、无就业保护等；从消费者的角度而言，交易成本的下降引发 "以买为主" 向 "以租为主" 的转变，改变了消费者的消费习惯，但也存在责任界定不明等问题。在这种情况下，如果不对现有法律法规进行修订，或者制定出台相关支持政策，会导致大量的平台经济、新就业形态的活动处于灰色地带，甚至有 "违法" 的嫌疑，面临随时可能被叫停、被扼杀的风险。另外，部领导也高度关注基于平台经济所产生的吸纳就业比较强的新业态的政策问题，在 2017 年 3 月 1 日国务院新闻办公室举行的新闻发布会上，尹蔚民部长强调 "中国正在进行结构调整，在这个过程当中，一些新技术、新业态正在产生，新的动能也正在产生，确实呈现了大众创业、万众创新的蓬勃发展态势。这里面最突出的就是基于互联网平台所产生的一些新业态，对这些积极吸纳就业比较强的新业态，我们正在研究积极支持的政策"。部内也积极开展调研，和有关部门协商，积极准备出台政策。如近期《国务院办公厅关于促进建筑业持续健康发展的意见》（国办发〔2017〕19 号）强调大力推进建筑施工单位参加工伤保险，同时为灵活就业人员、分享经济等新业态从业人员的参保管理工作积累经验、奠定基础。

综上，平台经济是一种综合性极强的新兴经济现象，其在经济社会生活中的影响力已经越来越凸显，但与此同时新兴事物也面临着诸多的理论与实践问题，还需要政府、研究机构以及业内企业的共同努力、共同探索。

二、研究现状及评论

平台经济催生于互联网技术，创造了新的商业模式，改变着人类的思维方式，它是时代的产物，正在一点点渗透进商业与生活。平台经济理论的形成与发展也具有一定的时代阶段性，通过对其研究分析，政府、社会、企业、个人等能更好地调整以迎接平台经济新时代。

（一）平台经济的理论形成及发展

1. 平台经济的理论形成

平台经济，是一种新兴的事物。关于它的研究，也是一个新兴的研究方向。对于平台经济的研究始于 21 世纪初，学术界认为它的范畴较广，涵盖了区域经济学、产业经济学、信息经济学以及交易成本理论等，属于一种前沿的理论范畴。它是基于某一种意义进行的具体分析，对传统的经济理论进行了颠覆与改革、优化与升级。时至今日，对于平台经济的理论和实践的研究仍然是国内外专家学者关注的热点和前沿领域。

国外对平台经济的研究始于 21 世纪初，当时由于一连串发生在美国、欧洲和澳洲的国际银行卡网络反垄断案件，而出现了一场理论和实证的争论，争论的关键点在于几位学者认为银行卡所依附的产业具有平台以及预支相关的双边市场的特性，对于这个产业，传统的反垄断政策不该强加于它。不久，学者们注意到在媒体产业和计算机操作系统等产业中也存在这种特殊性（Katz, 2001; Rochet and Tirole, 2002; Wright, 2004;

Roson, 2004）。

2004 年，法国产业经济研究所、政策研究中心联合主办"双边市场经济学"会议，在这次会议上平台经济的一般理论初具雏形。罗切特和蒂罗尔（Rochet and Tirole，2003）、阿姆斯特朗（Asmstron，2004）、凯劳德和于连（Caillaud and Jullien，2003）等都为平台经济研究的开创性工作做出了贡献，哈佛大学安德烈（Andrei Hagiu，2003）等人也为平台经济研究做出了颇多建树，使得该理论雏形不断趋向成熟[1]。

国内关于平台经济的研究起步于 2006 年前后，一批学者在国外研究的基础之上，结合我国平台经济发展的特点，对我国的平台经济的发展模式做了初步的分析。"平台经济学"的概念是徐晋、张祥建 2006 年在原有双边市场理论的基础上，参考并吸收了国外大量文献的基础上提出的，初步勾勒出我国平台经济学的体系框架。后来，针对学界过于注重平台产业的发展表象，对平台经济的解析多少显得有些局部化和片面化的缺点，徐晋在 2013 年针对上述问题，重新梳理了平台经济理论，提出平台生态、母子平台、平台演化以及平台组织和平台心理等崭新的观点和理论。此外，陈威如、余卓轩（2013）[2]重点就平台经济实践领域，指导企业如何构建"平台生态圈"，提出了平台经济发展的机制设计、创新思路、成长法则、竞争策略以及危机应对等五方面内容。

2. 平台经济的定义及特征

（1）平台经济的定义

由于平台经济正处于快速成长期，平台的类型不断增加，平台的功能不断丰富完善，但远远没有达到定型化的程度，理论界和实践界关于其定义也还处于探索阶段，迄今为止没有形成权威的、统一性的一个概念定义。

---

[1]　徐晋. 平台经济学——平台竞争的理论与实践 [M]. 上海：上海交通大学出版社，2007：8-9.
[2]　陈威如，余卓轩. 平台战略——正在席卷全球的商业模式革命 [M]. 北京：中信出版社，2013：7.

如百度百科上对平台经济的定义为：一种虚拟或真实的交易场所，平台本身不生产产品，但可以促成双方或多方供求之间的交易，收取恰当的费用或赚取差价而获得收益。其特征有集聚辐射性、专业独特性、开放拓展性、共享共赢性、快速成长性。

上海市商务委员会印发的《关于上海加快推动平台经济发展的指导意见》（沪商市场〔2014〕316号）指出，平台经济是基于互联网、云计算等现代信息技术，以多元化需求为核心，全面整合产业链、融合价值链、提高市场配置资源的一种新型经济形态。

江苏省人民政府制定的《关于加快互联网平台经济发展的指导意见》（苏政发〔2015〕40号）规定，平台经济是基于互联网、云计算等新一代信息技术的新型经济形态。

湖北省人民政府制定的《关于加快互联网平台经济发展的指导意见》（鄂政发〔2015〕44号）提出：互联网平台经济是基于互联网进行资源分配、生产和消费的网络化经济形态。

另外，还有一些专家学者在其文章中对其定义：如叶秀敏（2016）[1]在其文章中写道："平台经济是以互联网等现代信息技术为基础，基于平台向多边主体提供差异化服务，从而整合多主体资源和关系，从而创造价值，使多主体利益最大化的一种新型经济。"李凌（2015）[2]指出平台经济是互联网时代商业模式创新的一种具体表现形式，为构建有效市场提供了路径。

这些对平台经济的定义是关于平台经济显性特征的描述，归纳其有以下共同点：第一，平台经济属于经济新业态中的一种，是信息技术发展深入生产模式的一种创新；第二，互联网等信息技术对生产要素的重新组合在生产、消费领域的体现，并且发挥基础平台性作用；第三，以多元化需

---

① 叶秀敏. 平台经济的特点分析 [J]. 河北师范大学学报（哲学社会科学版），2016（3）: 114–120.

② 李凌. 平台经济发展与政府管制模式变革 [J]. 经济学家，2015（7）: 27–34.

求为核心，为交易双方提供虚拟或现实的交易场所，全面整合产业链、融合价值链、提高市场配置资源。

虽然平台经济的表现形式是平台型企业的建立，但是平台经济并不能等同于平台型企业。王文珍、李文静（2016）[1]指出平台经济与平台型企业不是一个概念。平台型企业专指搭建并经营互联网平台的企业，而平台经济不仅包括平台型企业，还包括众多依托互联网平台开展经营活动的应用型企业和个人。实践中，越来越多的企业在经营互联网平台的同时，自身也利用平台开展实际生产经营活动，业界通常将它们称为互联网生态型公司，如阿里、腾讯等。

面对平台经济的快速发展，专门针对平台经济的研究部门也纷纷建立。2014年6月，上海浦东新区张江平台经济研究院成立，研究院由上海市浦东新区民政局批准设立，性质是民办非企业法人单位，是非盈利社会公益性组织，主要承担调查研究、建言献策、宣传推广的新型智库功能。该研究院是国内首家专业研究科创中心和自贸区联动融合战略和政策举措的法人机构，也是研究上海自贸区和科创中心人才"双创"和"四新"经济发展战略和政策创新的专业新型智库，是张江科学城的官方研究平台。定位在研究上海自贸区和科创中心两大国家战略的新思路、新规划、新举措、新经济、新政策、新模式、新业态，旨在成为创新企业与政府之间的立交桥，第三方高端服务平台，成为立足浦东、服务上海、面向全国的最接地气的全产业链创新经济和国际人才高峰"第一智库"[2]。另外，一些专注于平台经济、分享经济发展的企业，如腾讯、阿里巴巴、滴滴出行等企业都建立了自己的研究机构，以更好地研究市场，适应市场的需求。如2007年4月依托阿里巴巴集团海量数据、深耕小

---

[1] 王文珍，李文静.平台经济对我国劳动关系的影响[J].人力资源和社会保障部劳动科学研究所研究论坛，2016（1）：1-27.

[2] 中国平台经济网，http://www.cpeinet.org.

企业前沿案例、集结全球商业智慧，以开放、合作、共建、共创的方式打造了具有影响力的新商业知识平台——阿里研究院，自成立以来，阿里研究院聚焦电子商务生态、产业升级、宏观经济等研究领域，共同推出 aSPI-core、aSPI、aEDI、aCCI、aBAI 及数据地图等多个创新性数据产品、大量优秀信息经济领域研究报告，以及数千个经典小企业案例。2007 年 10 月 15 日，第一家由国内互联网企业自主建立的研究机构腾讯研究院成立，自成立以来，腾讯研究院依托腾讯公司多元的产品、丰富的案例和海量的数据，围绕产业发展的焦点问题，通过开放合作的研究平台，汇集各界智慧，共同推动互联网产业健康、有序地发展。滴滴研究院是在 2016 年 4 月 13 日由机器学习研究院升级而来，研究方向包括：机器学习、计算机视觉、人工智能、数据挖掘、最优化理论、分布式计算等，致力于通过机器学习理论和方法，最大化利用交通运力，缓解城市拥堵，为每一位用户设计最贴心、最智能的出行方案。这些企业的研究机构也在平台经济的发展过程中发挥着重要的作用。

（2）平台经济的特征

平台经济的特征也是广大学者关注的一个方面。由于互联网平台是平台经济的一个重要载体，因此互联网平台的特征决定了平台经济的特征。

如李凌（2015）[①]就细数了互联网平台的几大特征：①互联网作为一种技术媒介将相互依存或者有此希望的个体联系起来；②无处不在，并且具有压缩或扩大世界的能力；③消除时间的局限，能够压缩或延展时间；④可以作为渠道进行信息产品的销售和传播；⑤具备无限的虚拟容量；⑥降低了信息不对称；⑦降低了社会经济生活中的交易成本；⑧以其标准化而具备低成本特征及开放性；⑨具备网络外部性，从而具有收益递增特性；⑩通过一种创造性的破坏深刻影响企业的协调、商务、社团、内容和沟通

---

① 李凌 . 平台经济发展与政府管制模式变革 [J]. 经济学家，2015（7）：27-34.

等各种商业活动，使大量新的商业模式创新成为可能。

在互联网平台的特征基础上，很多学者归纳了平台经济的特征。如王文珍、李文静（2016）[①]指出平台经济的特征包括：更具开放性（互联网平台具有天然的网络外部性，平台规模越大，用户数量越众，使用频率越高，成员互益越多），更具兼容性（在互联网媒介作用下，不同功能、不同层级的平台彼此间不仅不排斥，反而更多地相互配合，通过共通，开展互补，实现共赢），更具产业融合性（互联网平台消除了时空障碍，将过去的产业链合作演变为价值链协作），更具市场灵活性（生产企业可以及时、准确地了解市场需求，有针对性地安排生产经营活动，甚至可以根据市场需求定制个性化产品或者实行动态的价格调整机制）。北京大学法治与发展研究院研究员、网规研究中心主任阿拉木斯（2015）[②]指出，平台经济这种全新的服务模式具有九大特点，即消费者体验被重视、可视化的结果、娱乐化、图表化、群众参与、自动生成、常翻常新、个性化服务、免费服务。曹卓琼（2015）[③]认为双边或多边平台结构、交叉网络外部性、双边依存性、长尾经济性、不对称定价、平台协同性、平台多属行为等是平台经济的特征。温孝卿、张健（2015）[④]认为第三方支付市场的平台经济具有以下特征：网络外部性（包括平台商的规模越大，为商户提供的增值服务就越多和消费用户的期望效应也越多两个方面）、价格结构的非对称性（平台企业对消费者和商家用不同的价格来调节规模及结构）、多重归属的竞争性（平台商户提供多功能个性化的服务，为参与竞争，各自定价水平

① 王文珍，李文静．平台经济对我国劳动关系的影响 [J]．人力资源和社会保障部劳动科学研究所研究论坛，2016（1）：1-27．

② 刘奕．推动平台经济研究服务决策与实践——"互联网时代平台经济崛起"学术研讨会会议综述 [J]．财贸经济，2015（11）：160-161．

③ 曹卓琼，中心城区平台经济发展对策研究——以宁波市江东区为例 [D]．宁波大学硕士学位论文，2015年3月．

④ 温孝卿，张健．我国第三方支付市场平台商定价研究——基于平台经济特征的探析 [J]．价格理论与实践，2015（11）：147-149．

差异不大，转换成本较低）。

国外专家学者会针对平台经济的某一个特征进行深入分析，如凯劳德和于连（Caillaud and Jullien，2003）平台的供求双方只要一方消失，另一方的需求也会随之消失的特征进行分析，认为努力聚集双边用户，为市场一方进行补贴、提供利益能够很好应对这一特征。

平台市场中的平台竞争性是另一个研究重点。同一平台主体之间的内部竞争、外部竞争，不同类型平台之间的竞争等，否则，平台的竞争会导致平台的最终目标与社会福利最大化之间发生矛盾（Hagia，2004）。平台竞争的一个重要手段就是平台服务的差异化。卡尔沃汀和罗森（Chakravorti and Roson，2004）的研究发现，当平台的客户有差异化时，定价机制能够对使用价值发生影响。

平台市场中影响价格的因素也是许多学者研究的重点。罗切特和蒂罗尔和（Rochet and Tirole，2003）对不存在注册费用，只存在交易费用的情况进行了分析，他认为在这种情况下，平台双边制定的价格均会与平台双边的需求价格弹性直接成比例。另外，还有一些学者通过静态定价模型对比得出相关结论。

（二）平台经济发展在就业领域的影响

新就业形态呈现出与正规就业、传统灵活就业不同的特点，并对现有经济社会运行以及经济主体行为产生了巨大的影响，当然，这个影响有正面的积极作用，也有严峻挑战。

1. 积极作用

张成刚（2016）[1]主要从正面作用分析新就业形态带来的影响，主要表现在以下六个方面。一是新就业形态发展创造了更多的工作岗位。比如，国内电商平台发展直接带动和衍生出来的各类新就业岗位。二是新就业形

---

[1] 张成刚. 就业发展的未来趋势，新就业形态的概念及影响分析 [J]. 中国人力资源开发，2016（19）：86-90.

态发展增加了弱势群体的就业机会。如年老的工人、女性等以独立合同工的身份返回到传统产业中。三是新就业形态的发展可以帮助破除阶层固化，促进社会阶层流动。新就业形态创生出一批通过分享经验、技术、资源和服务的就业者，使其获得可以与正规就业相当，甚至更高的收入。四是新就业形态有利于激发劳动者技能发展。新就业形态从本质上看，能够使就业者更好地利用其技能和天赋。五是新就业形态发展创造了非正规就业正规化的机会。分享经济平台上可以帮助诸如家政、送货、"黑车"等非正规就业转变为更为正规的经济部门。六是新就业形态发展在缓解劳资矛盾的同时可能增加个体所面临的市场风险。

2. 严峻挑战

平台经济在我国乃至全世界范围内尚且属于新生事物，平台经济引发的规则重构在全球范围内正处于起步阶段，给世界各国带来了各种挑战，世界各国都处于摸索阶段。具体到就业领域，平台经济的发展带来的挑战如下：

工作的随机性大，就业的稳定性较差。一方面，平台为及时应对市场变化，奖励补贴规则多变，从业人员缺乏稳定的收入预期，职业归属感和安全感较差，流动性较大。另一方面，受平台激烈竞争而频繁发生的兼并重组以及破产等直接导致平台用工呈现明显的临时性和不稳定性，极易引发劳动争议纠纷。

从业人员职业缺乏可持续性。由于平台经济本身发展尚不成熟，大量平台本身生存周期很短或者项目内容转换频繁，一些研究将平台就业从业者看作从产业工人转变为平台经济下的"不稳定生产者"。

劳动者社会保障面临诸多困扰。大量从业者缺乏基本社会保障，新就业形态从业者参加社会保险热情不高，参保险种偏少（陈云，2016）[①]。

---

① 陈云．加强新就业形态扶持问题研究报告 [R]. 2016 年中国劳动保障科学研究院基本科研业务费项目．

职业呈碎片化趋势，工作与生活界限模糊。伦敦城市大学商学院组织行为学教授斯派瑟（Andre Spicer）也指出，许多企业醉心推动员工的工作生活平衡，但这似乎不切实际。当代工作形态的现实是，工作与生活之间的界限越来越模糊。

平台经济发展降低了劳动关系的稳定性。平台型企业"你方唱罢我登场"的现实状况必然伴随着劳动关系快速地建立、变更、终止或解除，极易引发劳动争议甚至群体性事件（王文珍、李文静，2016）[①]。

另外，平台经济的战略价值、政府治理的转变、新兴业态的冲击与传统服务行业模式创新、共享经济企业商业模式、共享服务与传统服务的替代、非盈利性共享与盈利性共享的区别和联系、共享经济的社会成本评估等内容也是国内外学者关注的重点。

（三）综述评论

本部分主要从文献综述的角度对平台经济进行审视。主要归纳总结平台经济的理论形成、定义及特征，以及平台经济在就业领域方面的积极作用和严峻挑战。通过对平台经济产生、发展过程的综述，有一些简单的想法，整理如下：

第一，平台经济的出现发展是历史进程中的必然，是生产力发展到一定阶段的产物。随着互联网技术的进步，其定义、特征愈加显性化，自然吸引了更多的学者去讨论和研究。平台经济发展到第三阶段，产生了新的就业形态，对就业领域有着广泛的影响，当然这其中有积极的正面作用，也有严峻的挑战，这都是事物发展过程中的必经之路。各国政府面对这一新兴事物，在持宽容乐观态度的同时，出台政策促进其发展。在出台的政策中，有国家层面的、地方层面的，甚至某一行业领域的都有所涉及。这就从政府层面释放出一种信号，即将新生事物发展的规律大部分还给市

---

① 王文珍，李文静. 平台经济对我国劳动关系的影响 [J]. 人力资源和社会保障部劳动科学研究所研究论坛，2016（1）：1-27.

场，市场在资源配置中起着决定性的作用，政府起着组织领导经济发展的作用。这与党的十八大以来我国政府的定位是相符合的。

第二，国外对于平台经济的研究早于我国，但是这种早也是一种相对的，他们开始研究也是由于出现了平台经济发展过程中案例纠纷需要解决，可以说其对于平台经济的研究和问题解决的可供援用和借鉴的经验也很有限，在面对解决这一问题上，我国大有可为。

第三，随着互联网的进步和发展，平台经济也在动态更新发展，政府、平台、从业者也都会趋利避害，选择更加适合自己的角色去扮演，但在某些方面，如权责划分、身份确定等方面，如果市场解决不了的话，就需要政府作为治理主体帮助其实现变化，这也就是广大学者在此分析现状、发现问题、提出挑战的意义所在，也正是本书研究的意义所在。

三、研究方法及路径

（一）研究方法

本书综合采用文献研究、比较研究法、实地调研法、典型案例分析法、书面调查法等研究方法对我国平台经济发展带动就业的相关问题进行深入系统的分析。

1. 文献研究法

该方法主要是对涉及平台经济的理论、我国平台经济发展的现状、原因、已有的对策进行收集、整理、分析；特别注意充分查阅国内外现有研究成果、已有的实践经验叙述的文献，为全书的研究打下坚实的理论和研究方法基础。

2. 比较研究法

平台经济这种新业态的发展是相对于传统的经济形态而言，其在发展过程中特有的形式和特点都需要运用比较研究法进行归纳总结。如在研究平台经济就业的新特点，就是与传统灵活就业人员进行比较；在研究平台经济与带动就业的关系中，将正面激励和负面影响进行比较研究；在对平台企业劳动用工形式进行重新划分的过程中，也是将各种不同类型的用工形式进行比较分析。另外，在国际经验借鉴章节，不同国家对待平台经济的态度，实施政策的方向等都需要用到该研究方法。

3. 实地调研法

课题组将选取有代表性的地区和行业的平台经济企业进行走访，与相关部门负责人进行了座谈，了解平台经济企业的发展现状，用工、社会保障方面存在的问题，企业的担忧等问题。从业者方面，课题组将采取个案访谈的方法进行，了解平台从业人员基本情况、工作现状和面临问题、劳动保障方面的主要诉求等，以便在书中进行定性方面的论述。

4. 典型案例分析法

课题组将收集不同经营模式的平台企业的典型案例进行深入剖析，了解典型平台经济企业在带动就业、用工形式、社会保障等方面面临的规制困境，企业的想法、劳动者的诉求、政府需要提供的帮助等，以有助于发现不同经营模式下的平台企业的优缺点及有待政府出台的政策措施。

5. 书面调查法

由于我国幅员辽阔，每个省份的经济发展状况和平台经济发展的状况各不相同，同时由于本课题资金和人员的有限性和课题试图分析的全面性，故而对不能亲临的区域采用书面调查法。书面调查法主要是课题组设计书面调查的题目，选取有代表性的区域，让各个区域以书面回答的形式说明课题组试图了解的平台企业就业的相关问题。

（二）研究路径

本书的研究路径如图 0-1 所示。

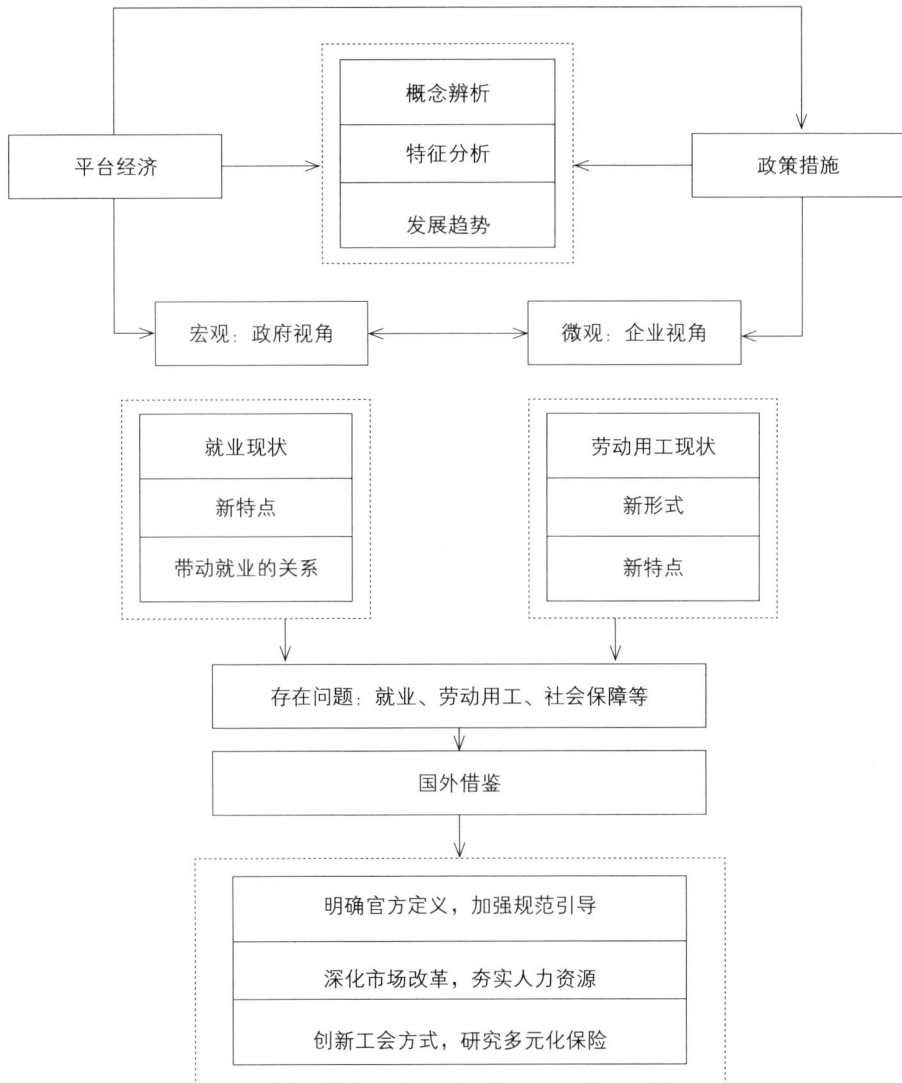

图 0-1　本书研究路径

首先，梳理新经济下平台经济的概念、发展阶段、已出台的政策措施，分析其特征特点，以及未来发展趋势。

其次，从宏观和微观两个角度分析平台经济就业和劳动用工的情况。宏观方面，侧重于从政府视角，分析平台经济就业的现状、平台经济发展与就业的关系等；微观方面，侧重于从企业角度分析平台企业劳动用工的现状、形式、特点等，并提出其存在的问题。

再次，观察国外对于平台经济发展的态度、争议，比较分析国外平台经济发展在就业、劳动用工方面的情况。

最后，在上述基础上，提出我国平台经济下的就业、劳动用工方面的政策建议。

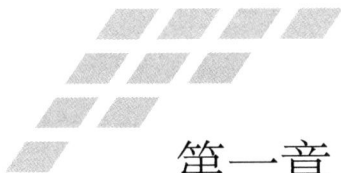

第一章

平台经济的发展状况

伴随着互联网技术的全面普及以及云计算、大数据等技术的进步，一些新型的商业模式应运而生，平台经济就是由此形成的新业态模式中的一种。相较于传统的经济模式，它改变了人们的生产和生活方式，而平台本身也由"看不见的手"变成了"有利益诉求的手"。

本章主要在前期研究和实地调研的基础上对平台经济进行定义，并分析其四个方面的基本内涵；首先，以互联网平台的特征为基础，集合平台经济发展的实践，归纳平台经济在技术、主体、客体、行为、效果、文化六个方面的基本特征。其次，分析了我国平台经济发展的三个阶段：网页时代、平台时代、基于创新力的平台经济的分享时代。运用中国共享经济论坛和《中国共享经济发展报告（2019）》的数据说明近几年来我国平台经济市场规模快速增长。再次，从国家层面、地方层面和行业层面归纳综述了已经出台的促进平台经济发展的相关政策措施。最后，在讨论其未来发展趋势时，提出平台经济的发展与经济发展趋势相适应、平台经济仍然处于动态成长期、技术进步将进一步促进平台经济的发展、"互联网＋战略"为平台经济发展提供政策动力、组织方式平台化是平台企业发展的最新态势。

第一节 平台经济的概念及特征

一、平台经济的概念

随着互联网经济的发展，越来越多的新的商业模式、经营形态如雨后春笋般出现，"新业态"一词应运而生。它是指基于互联网经济而产生，通过平台将分散资源进行优化配置，实现供给侧与需求侧动态及时、精准高效的供需对接，从而提高利用效率的新的生产经营模式。其表现形式多种多样，平台经济就是其中重要的一种。由于平台经济还处于快速动态发展时期，各种类型不断增加，涉及的平台功能日益丰富，远没有达到定型的程度。因此，理论界和实务界对其概念定义都没有形成统一的、明确的权威界定。在前期研究和实地调研的基础上，本书将平台经济定义为：以互联网、云计算等新一代信息技术为基础，以多元化需求为核心，以虚拟或真实的交易场所平台为载体，全面整合产业链、融合价值链、提高市场配置资源的一种新型经济形态。

这一定义至少包括以下四个方面的基本内涵。

第一，平台经济是信息革命发展到一定阶段后出现的产物。互联网、宽带、云计算、大数据、移动支付、物联网等现代信息技术的创新发展及其快速普及应用，是平台经济出现的前提条件。

第二，平台经济是属于经济新业态中的一种，是互联网等信息技术对生产要素的重新组合在生产、消费领域的体现，并且发挥基础平台性作用。

第三，平台经济实现了供求双方资源的最优化配置。平台经济以互联网为基础，以平台为载体，以多元化需求为核心，将分散资源进行优化配置，实现供求双方的准确对接，降低交易成本，提高使用效率。

第四，平台经济适应经济社会的新发展、新理念、新趋势。信息社会下强调以人民为中心的发展思想和可持续发展，崇尚物尽其用，讲究消费者的最佳体验。平台经济即集中体现了这种新的消费观和发展观。

二、平台经济的特征

由于互联网平台是平台经济的一个重要载体，因此本书理解的平台经济的特征是以互联网平台的特征为基础，集合平台经济发展的实践。主要表现为技术、主体、客体、行为、效果、文化六个方面，如表1–1所示。

表1–1　平台经济的特征

方面	特征	表现
技术	互联网性	互联网平台并不直接提供产品和服务，而是将供需双方建立联系，为其双方提供高效便捷的技术支持、信息服务、信用保障等
主体	开放性	平台规模越大，用户数量越众，使用频率越高，成员互益越多
客体	兼容性	平台经济将分散的海量资源通过互联网整合，通过平台进行发布，让其发挥效用最大化，实现"稀缺中的富足"
行为	权属变化性	人力资源、物品等方面全方位的分离，如以租代买、以租代售等方式让渡产品或服务的部分使用权
效果	市场灵活性	生产企业可以及时、准确地了解市场需求，有针对性地安排生产经营活动，甚至可以根据市场需求定制个性化产品或者实行动态的价格调整机制
文化	共享共赢性	通过互联网平台实现了资源（物品、技术、知识等）的共享；另外不同功能、层级的平台在互联网媒介作用下，相互配合，通过共通，开展互补，实现共赢

资料来源：作者整理。

（1）技术方面：互联网性。以互联网平台为载体。互联网平台并不直接提供产品和服务，而是将供需双方建立联系，为其双方提供高效便捷的技术支持、信息服务、信用保障等。

（2）主体方面：开放性，大众参与。由于平台经济的重要载体互联网平台具有天然的网络外部性，其平台规模越大，用户数量越众，使用频率越高，成员互益越多。

（3）客体方面：兼容性。资源要素的高效配置。由于资源的稀缺性与人们使用资源时闲置浪费之间的矛盾，平台经济将这些分散的海量资源通过互联网整合，通过平台进行发布，让其发挥效用最大化，实现"稀缺中的富足"。

（4）行为方面：权属变化性。所有权与使用权的分离。包括人力资源、物品等方面全方位的分离，如劳动者不必从属于某一固定组织，而是通过平台实现知识、技能等资源的共享，从而完成工作任务，如以租代买、以租代售等方式让渡产品或服务的部分使用权。

（5）效果方面：市场灵活性。生产企业可以及时、准确地了解市场需求，有针对性地安排生产经营活动，甚至可以根据市场需求定制个性化产品或者实行动态的价格调整机制。

（6）文化方面：共享共赢性。通过互联网平台实现了资源（物品、技术、知识等）的共享；另外不同功能、层级的平台在互联网媒介作用下，相互配合，通过共通，开展互补，实现共赢。

第二节　平台经济的发展

一、平台经济的发展阶段及现状

（一）平台经济的发展阶段

平台经济的发展是随着互联网技术的进步而出现并发展。王文珍、李文静（2016）[①]将互联网技术对经济的影响大体可以分成三个阶段：一是广告信息阶段。在门户网站刊发产品宣传广告是最主要的表现方式。二是网上销售阶段。一些商家在实体店销售的同时，筹建专用网站进行自营式的网上销售，即所谓的 O2O 模式。三是平台经济阶段。企业建立开放性平台用于自身并延揽他人开展生产经营活动。其中，前两个阶段更多地发挥了互联网的技术性特征，第三个阶段则展示了互联网对商业模式的改造功能。

基于互联网技术对经济的影响特征，平台经济的发展也可以归纳为三个阶段：

一是网页时代。这一时代还停留在邮箱、即时通信、搜索等网页的时代，但这时已经有了规模大小不同的"平台"，已经为第二阶段平台时代打下了基础。

二是平台时代。这一时代在第一阶段的基础上，诞生了互联网经济领域最大的几个平台型公司，如网易、腾讯、阿里巴巴、百度等。这些平台型企业以互联网为手段，建立起庞大的用户群，拥有庞大的访问量，掌握

---

① 王文珍，李文静. 平台经济对我国劳动关系的影响 [J]. 人力资源和社会保障部劳动科学研究所研究论坛，2016（1）：1-27.

自己的核心拳头业务。如网易的核心业务是在线网游，腾讯的核心业务是社交通信服务，阿里巴巴的核心业务是电子商务，百度的核心业务是人工智能和大数据的结合。

三是基于创新力的平台经济的分享时代。平台经济的最新发展是分享经济的繁荣，借助互联网平台，任何一份闲置资产都有可能产生利润，任何一项技能都有可能带来一份工作。这也就创新出了很多商业模式，相关的缩写名词有 P2P（个人对个人）、O2O（线上线下互动）、B2C（商对客）、B2B（企业对企业的电子商务模式）、C2C（个人与个人之间的电子商务）、P2C（商品和顾客，中间没有任何交易环节）等。在新的时代，企业只有保持不断创新，不断挖掘用户的需求，才能不被替代，创造新的价值。如百度和阿里巴巴等企业在守住自己核心领域的同时，也在进入彼此的领域。百度推出 C2C 业务，将会极大地丰富百度社区的产品容度和质度，但 C2C 业务直指阿里巴巴的 C2C 业务；而阿里巴巴推出广告销售平台，名曰"阿里妈妈"，这就与百度的网站联盟和 Google 联盟形成正面竞争。[①]

（二）平台经济的发展现状

尽管到目前为止，平台经济的分享时代在世界各国的发展程度不一，但是总体而言，不同国家和不同群体对其发展持一种宽容乃至积极的态度。据全球顶级战略管理咨询公司罗兰贝格的共享经济报告指出，2018 年全球共享经济规模达到 5200 亿美元（约 36000 亿人民币），比 2015 年的 300 亿美元增长了 15.33 倍，年均增长率达到 104.04%。

近几年来，我国的平台经济市场规模快速增长，主要互联网上市公司都是平台型企业，越来越多具有"平台经济"特征的企业不断创造着成功的传奇，从门户网站、网络游戏、各种电子商务到网上社区、第三方

---

① 孙国亮. 浅析互联网平台经济的发展 [J]. 现代经济信息，2008（4）: 3-4.

支付等不断创新。如滴滴出行、58 同城等 O2O 平台的大范围兴起都是例证。平台经济越来越深入地融入人们的工作和生活，改变了企业的生产经营方式和人们的生活方式，成为推动经济发展的新引擎，给整个经济社会发展带来了深远的影响，具有划时代的意义。据《中国共享经济发展报告（2019）》数据显示，2018 年我国共享经济市场交易额为 29420 亿元，比上年增长 41.6%；平台员工数为 598 万，比上年增长 7.5%；共享经济参与者人数约 7.6 亿，其中提供服务者人数约 7500 万，同比增长 7.1%。知识付费、网络直播、单车分享在 2016 年呈现出爆发式增长，迎来了"发展元年"。拥有分享基因的各类众创平台大量涌现，经过政府部门认定的"众创空间"已超过 4000 个。平台经济和共享经济等新业态在推动服务业快速增长、结构优化、消费方式转变等方面的新动能作用日益凸显。2015—2018年，出行、住宿、餐饮等领域的平台经济、共享经济等新业态对行业增长的拉动作用分别为每年 1.6、2.1 和 1.6 个百分点。据预测，未来几年我国共享经济仍将保持年均 30% 以上的高速增长，到 2020 年共享经济交易规模占 GDP 比重将达到 10% 以上，在稳就业和促消费方面的潜力将得到进一步释放。共享经济将重塑社会组织和分工，"公司 + 员工"将在越来越多的领域被"平台 + 个人"所替代。未来十年，我国共享经济领域有望出现 5—10 家巨无霸平台型企业[①]。共享经济也将成为人工智能等新技术创新应用的重要场景，在身份核验、内容治理、辅助决策、风险防控、服务评价、网络与信息安全监管等方面发挥越来越重要的作用。

二、针对平台经济出台的相关政策

平台经济作为经济新业态的典型代表，自出现以来，对就业、劳动关系、社会保障等方面都产生了全方位的影响，政府部门也高度重视，在很

---

① 国家信息中心分享经济研究中心在京成立．央广网，2017 年 3 月 11 日。

多政策文件中都重点提出，加以关注。

（一）国家层面

在国家层面，政府部门高度重视平台经济的发展，近年来出台了多个文件进行鼓励扶持其发展。

如 2016 年的《政府工作报告》中首度明确提出："当前我国发展正处于这样一个关键时期，必须培育壮大新动能，加快发展新经济。"

"十三五"规划建议提出"发展分享经济，促进互联网和经济社会融合发展"。

党的十八届五中全会公报提出要"加强对灵活就业、新就业形态的支持，促进劳动者自主就业"。

《国务院关于做好当前和今后一段时期就业创业工作的意见》（国发〔2017〕28 号）中提出"新就业形态迅速发展对完善就业政策提出了新要求。以新一代信息和网络技术为支撑，加强技术集成和商业模式创新，推动平台经济、众包经济、分享经济等创新发展。改进新兴业态准入管理，加强事中事后监管。支持劳动者通过新兴业态实现多元化就业，从业者与新兴业态企业签订劳动合同的，企业要依法为其参加职工社会保险，符合条件的企业可按规定享受企业吸纳就业扶持政策"。

国家发展和改革委等八部门联合印发《关于促进分享经济发展的指导性意见》（发改高技〔2017〕1245 号），指出"分享经济在现阶段主要表现为利用网络信息技术，通过互联网平台将分散资源进行优化配置，提高利用效率的新型经济形态"。

《关于强化实施创新驱动发展战略进一步推进大众创业万众创新深入发展的意见》（国发〔2017〕37 号）提出，结合"互联网 +""中国制造 2025"和军民融合发展等重大举措，有效促进新技术、新业态、新模式加快发展和产业结构优化升级。要坚持创新为本、高端引领，改革先行、精准施策，人才优先、主体联动，市场主导、资源聚合，价值创造、共享发展。

2019 年的《政府工作报告》中指出"促进新兴产业加快发展。深化大数据、人工智能等研发应用，培育新一代信息技术、高端装备、生物医药、新能源汽车、新材料等新兴产业集群，壮大数字经济。坚持包容审慎监管，支持新业态新模式发展，促进平台经济、共享经济健康成长。加快在各行业各领域推进'互联网 +'"。

2019 年 8 月，国务院办公厅印发《关于促进平台经济规范健康发展的指导意见》(以下简称《意见》)。《意见》指出，要坚持以习近平新时代中国特色社会主义思想为指导，持续深化"放管服"改革，围绕更大激发市场活力，聚焦平台经济发展面临的突出问题，加大政策引导、支持和保障力度，落实和完善包容审慎监管要求，推动建立健全适应平台经济发展特点的新型监管机制，着力营造公平竞争市场环境。为促进平台经济规范健康发展，《意见》提出了优化完善市场准入条件，降低企业合规成本；创新监管理念和方式，实行包容审慎监管；鼓励发展平台经济新业态，加快培育新的增长点；优化平台经济发展环境，夯实新业态成长基础；切实保护平台经济参与者合法权益，强化平台经济发展法治保障等五个方面政策措施。

除此以外，还有一系列促进措施，如《国务院关于大力发展电子商务加快培育经济新动力的意见》《国务院关于积极推进"互联网 +"行动的指导意见》、国务院《促进大数据发展行动纲要》、国务院办公厅《关于加快发展生活性服务业促进消费结构升级的指导意见》、中国人民银行等《关于促进互联网金融健康发展的指导意见》等。

（二）地方层面

除了国家层面的相关政策措施以外，相关地方如上海市、江苏省、湖北省等地也积极出台文件措施，规范促进平台经济的发展。

如上海市商务委员会印发的《关于上海加快推动平台经济发展的指导意见》(沪商市场〔2014〕316 号)指出，平台经济是基于互联网、云计算等现代信息技术，以多元化需求为核心，全面整合产业链、融合价值链、提高市场配置资源的一种新型经济形态。提出促进平台经济发展的保障措施：建立平台经济联合推进机制、健全各类平台运营的规则和标准、认定一批平台示范和培育项目、加强平台统计监测和行业组织建设、加大平台经济发展政策扶持力度。

江苏省人民政府制定的《关于加快互联网平台经济发展的指导意见》（苏政发〔2015〕40号）规定，平台经济是基于互联网、云计算等新一代信息技术的新型经济形态。提出壮大网络销售服务平台、提升大宗商品现货交易网络服务平台、融合发展物流专业服务平台、培育满足多样化需求的细分服务平台、构建信息资讯服务平台、打造互联网金融服务平台、发展线上线下结合、跨界业务融合平台模式。并且提出支持平台企业做大做强、建设平台经济集聚区、创建平台经济示范城市。要求聚合平台经济发展要素，营造平台经济发展环境。

湖北省人民政府制定的《关于加快互联网平台经济发展的指导意见》（鄂政发〔2015〕44号）提出，互联网平台经济是基于互联网进行资源分配、生产和消费的网络化经济形态。大力发展互联网平台经济，对于促进我省产业持续创新、引领新兴经济增长和加快经济转型升级具有重要意义。计划用5年时间，打造10家以上营业收入超500亿元的互联网平台企业，除此之外，农产品卖不出去，还将享受预警救助。到2020年，我省将拥有超1000亿元的互联网平台企业，平台交易额进入国内同类型平台前三位的企业平台数达15家以上。除此之外，推动电子商务向乡镇和农村延伸，鼓励有条件的企业开展农产品网络营销和同城配送业务；支持电子商务企业、供销社、邮政、快递以及大型龙头流通企业，建设农村电子商务配送及综合服务网络；支持建立大型农产品销售综合服务平台，加大农村商务信息服务，实现农产品网上购销常态化，建立完善农产品"卖难"预警救助机制。

（三）行业层面

当然，除了大的宏观层面针对平台经济的政策以外，国家还具体针对平台经济涉及的主要行业，如移动出行、快递业等行业出台或者即将出台具体的管理办法，以补齐治理短板。

自 2016 年 11 月 1 日起施行的《网络预约出租汽车经营服务管理暂行办法》对网约车平台公司、网约车车辆和驾驶员、网约车经营行为、监督检查、法律责任等都做了明确规定。

网约车用量较大的北京市针对其具体存在的问题，在 2016 年 12 月 21 日出台《北京市网络预约出租汽车经营服务管理实施细则》，明确"京人京车"等准入条件并给予各大网约车平台 5 个月的过渡期[①]。这意味着 2017 年 5 月 21 日北京网约车新政就将正式落地实施。实施细则在人员、车辆等方面都进行了规定。人员方面，网约车驾驶员须为本市户籍、取得本市核发的驾驶证件，未达到法定退休年龄，身体健康，申请之日前 1 年内驾驶机动车未发生 5 次以上道路交通安全违法行为，未被列入出租汽车严重违法信息库。车辆方面，经由本市公安部门年检合格，已购买营业性车辆的交强险、第三者责任险和乘客意外伤害险，具备本市车辆号牌的 5 座三厢小客车或 7 座乘用车。2019 年 5 月《交通运输新业态用户资金管理办法 (试行)》(以下简称《管理办法》) 公布，该管理办法是交通部加快推进网约车等新业态存量用户，将资金纳入规范管理。该管理办法对网约车、共享汽车和共享单车等新业态用户资金管理做出了明确规定，也充分考虑了资金管理过程中各环节可能出现的问题，比如要求运营企业开立专用存款账户存管用户资金，与存管银行、合作银行和支付服务机构签订资金存管、支付服务协议，同时，为提高用户资金的退款效率，要与存管银行、合作银行实现相关信息系统的对接。这些前期准备工作都需要履行一定的

---

① 北京网约车新政正式实施，北京青年报，2017 年 5 月 21 日，http://news.xinhuanet.com/info/2017-05/21/c_136301830.htm。

程序，花一定的时间。为确保各项政策顺利实施，《管理办法》提出对发布之日前收取的用户资金纳入管理设定 6 个月的过渡期，时间延长至 2019 年 11 月 30 日。

我国快递行业发展迅猛。目前，我国快递从业者超过 200 万人[①]，快递业市场规模庞大，毛细血管遍及城乡。但与电子商务发展状况相似，快递业客观上存在着管理规范滞后的情况。现实中，因快递延误、丢失、损毁导致的纠纷时有发生；由于众包模式缺陷，承包商临阵脱逃、快递堆积如山的新闻屡见报端；收寄实名制难以得到有效落实，个人信息泄露成为集体焦虑……在粗放发展的背景下，快递业确实存在着不少治理短板。高速发展的现代物流业，呼唤更精细的现代治理，而法治无疑是不可或缺的重要一环。2017 年 7 月 24 日，国务院法制办公室公布《快递暂行条例（征求意见稿）》[②]。根据相关规定，"收寄快件未查验寄件人身份并登记身份信息，或者发现寄件人提供身份信息不实仍予收寄"，快递公司就要遭罚。意见稿体现了促进快递行业发展和保护消费者权益之间的良性互动关系。意见稿中关注了三大焦点：快递车辆能否进居民小区、信息保护与实名制怎样兼顾、消费者索赔难问题能否破解。另外，意见稿的最大亮点是关于发展保障的第二章节，"其中反映出国家开始从立法的高度为快递行业的健康发展提供保障。从国家立法的高度为一个行业提供保障，这是比较少见的。比如，其中规定将快递行业的发展纳入各级政府的发展规划，土地规划都要考虑到快递行业的用地需求，其中很多条款都很重要"。

2018 年，可谓是共享经济、平台经济监管历程中具有标志意义的年份。针对移动出行行业的网约车和共享单车、网络共享内容等领域集中暴露出现的问题，政府把对这些领域的监管作为重中之重，分别在网约车、

---

① 人民时评：加速补齐快递业的治理短板，人民日报，2017 年 7 月 26 日，http://theory.people.com.cn/n1/2017/0726/c40531-29429112.html。
② 快递暂行条例焦点解析：信息保护与实名制怎样兼顾，法治周末，2017 年 7 月 25 日，http://finance.sina.com.cn/roll/2017-07-25/doc-ifyihrmf3416064.shtml。

在线外卖、互联网医疗、网络内容等领域出台了相关政策文件。如网约车领域，在 2018 年 6 月，交通运输部出台了《出租汽车服务质量信誉考核办法》，9 月出台了《关于开展网约车平台公司和私人小客车合乘信息服务平台安全专项检查工作的通知》；在线外卖领域，2018 年 1 月，国家安全药品监督管理总局出台了《网络餐饮服务食品安全监督管理办法》，7 月国家市场监督管理总局出台了《餐饮服务食品安全操作规范》；互联网医疗领域，2018 年 4 月国务院办公厅出台了《关于促进"互联网＋医疗健康"发展的意见》，7 月国家卫健委和国家中医药管理局出台了《互联网诊疗管理办法（试行）》；网络内容领域，2018 年 2 月网信办出台了《微博客信息服务管理规定》等。这些都标志着我国共享经济和平台经济发展的制度环境进一步完善，监管框架进一步建立，合规化水平进一步提高，为我国平台经济的进一步规范发展奠定了坚实的基础。

（四）简要评述

平台经济的出现及蓬勃发展正在重构人们工作、交往、价值创造和分配的方式，对就业、劳动关系、社会保障等各方面都影响深远。随着互联网技术的发展，其影响将更加显性化、广泛化。各级政府及行业在面对其发展时，秉持着一种包容审慎的态度，一方面出台政策规范其发展，另一方面出台措施促进其发展。这是符合历史发展潮流的做法，也是有利于平台经济发展带动就业的做法。在出台的政策中，有国家层面的、地方层面的，甚至某一行业领域的都有所涉及。这就从政府层面释放出一种信号，即将新生事物的发展的规律大部分还给市场，市场在资源配置中起着决定性的作用，政府起着更好地组织领导经济发展的作用。这与党的十八大以来我国政府的定位是相符合的，与党的十九大精神中"使市场在资源配置中起决定性作用和更好发挥政府作用"这一党对政府与市场关系的认识是一致的。

尽管政府将新生事物的发展规律大部分还给市场，让市场在资源配置中起着决定性的作用，政府只是起到"看不见的手"的作用，但是要掌握市场规律的变化需要时间，从发现问题、调研问题、制定出台积极的措施，都需要一定的时间，所以有时候我们在研究制定政策措施的时候感觉到力不从心、时间滞后性的存在。如本书中针对平台经济的发展，从国家层面、地方层面、行业层面都出台了具有针对性的政策措施，但在实际平台经济的发展过程中，我们仍然感到在政策监管、法律法规、监测体系、责任界定等诸多方面的难点问题，涉及政府、平台、从业者、消费者等各个方面权责关系确定困难的问题，这是平台经济这一新生事物发展的必经阶段，当然也是对政府监管提出的挑战。需要政府、研究机构以及业内企业的共同努力，共同探索，共同促进更有利于平台经济发展的政策措施出台。

三、平台经济的未来发展趋势

平台经济的出现正在重构人类的工作、交往、价值创造和分配方式，其出现并蓬勃发展是经济社会发展的必然趋势。就未来发展趋势而言，主要体现在以下五个方面。

第一，平台经济的发展与经济发展趋势相适应。

近年来，我国经济进入新常态，经济增速由较高速增长转为中高速增长，传统拉动经济增长的三匹马车疲软，急需新的增长动能。另外，产业升级与融合和结构调整为平台经济的发展提供了巨大空间。制造业从过去的机械化、电气化、自动化发展到工业4.0，进入了一种智能化。第四次工业革命催生了整个移动互联网、物联网大数据的一些应用和创新，同时推动了传统制造生产方式由生产型制造向服务型制造进行转变。制造业和生产方式发生了深度的变化，有很多互联网企业加入制造业生产行业当中。这可能会对原有传统的制造系列、工业系列，都有很大的冲击。"互联网＋"战略的实施，将推动传统产业的产业转型升级，信息化与工业化的融合，互联网与服务业的深度契合，都必然推动平台经济的发展。

第二，平台经济仍然处于动态成长期。

从平台经济的发展形态、用户习惯、平台建设、供需双方认知等方面来看，我国尚处于基本起步阶段，有待市场进一步培育，平台企业涉及的行业有望进入动态高速成长期。如平台经济在互联网技术的推动下，所涉及领域从最初的汽车、住房分享快速发展到金融、餐饮、空间、物流、教育和医疗等领域，并加速向农业、能源、生产、设计和城市建设等领域扩张。

第三，技术进步将进一步促进平台经济的发展。

平台经济等新业态的发展在很大程度上都是依靠技术的发展和应用，其中核心的技术在于成熟的移动互联网技术。目前，我国移动通信基站和 WLAN 网络热点净增数量成倍增长，这为我国互联网技术的发展提供了坚实的基础设施基础；定位技术、地理数据库的不断完善和应用，为以地理位置服务为基础的服务提供了良好的基础技术准备。另外，从平台企业的角度来看，新业态的出现，新技术的推广已经改变了一些企业的经营和盈利模式，借助经济新常态下的"大众创新、万众创业"的东风，这些初创的小公司也能得到之前仅大公司能获得的信息技术能力和后台服务。目前，随着移动互联技术和大数据技术的成熟，未来新兴技术的进步发展将会进一步推动平台经济的发展，引领平台经济朝着新的模式转变。

第四，"互联网+"战略为平台经济发展提供政策动力。

适应信息社会发展趋势，我国政府大力实施"互联网+战略"，出台系列文件，如《关于积极推进"互联网+"行动的指导意见》（国发〔2015〕40 号）、《关于强化实施创新驱动发展战略进一步推进大众创业万众创新深入发展的意见》（国发〔2017〕37 号）、《关于促进分享经济发展的指导性意见》（发改高技〔2017〕1245 号）等，推动互联网与各行业各领域深度融合，引导未来经济社会发展，为新业态发展提供政策动力。

第五，组织方式平台化是平台企业发展的最新态势。

随着互联网技术的不断发展，管理更为扁平、资源更为开放的平台型组织逐渐成为未来平台企业发展的主流。平台型企业具有轻资产、去中心化、分布式的特点，依靠先进的平台信息系统进行管理，供给和需求可以实现即时性、零交易成本。特别要说明的是，制造业企业在平台化的过程中，涉及企业定位、组织方式、经营模式、员工关系等的全方位调整，给企业劳动关系的管理带来很大的挑战。

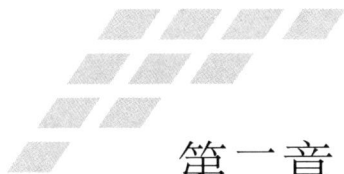

第二章

平台经济发展与就业

2019 年国务院《政府工作报告》提出，坚持包容审慎监管，支持新业态、新模式发展，促进平台经济、共享经济健康成长。其中，促进平台经济发展已连续两年写入《政府工作报告》。

近几年，互联网经济飞速崛起，成为新经济发展的引领者。随之诞生的电商、社交、游戏等互联网平台成长态势迅猛，而新技术与传统产业的融合催生的大量新型经济形态，对中国经济发展起到巨大的推动作用。这种影响也体现在劳动力市场上，平台经济也催生了新型就业大量涌现，以阿里巴巴为代表的数字经济和平台经济的快速发展，为促进经济的发展与消费升级，为稳就业、促民生，提供了良好的示范效应。2018 年阿里巴巴中国零售平台创造了 4082 万个就业机会，同比增长 10.89%，其中包括 1558 万个交易型就业机会、2524 万个带动型就业机会。人社部公布的 15 个新职业中，人工智能工程技术人员、物联网工程技术人员、大数据工程技术人员、云计算工程技术人员、数字化管理师等，都是以阿里巴巴为代表的平台经济直接创造的职业。

就业与经济增长紧密相关，保就业就是稳增长。2019 年的《政府工作报告》首次将就业优先政策置于宏观政策层面，旨在强化各方面重视就业、支持就业的导向。2019 年，我国经济仍面临构型因素和周期性因素导致的下行压力，经济运行具有极强的不确定性，保就业意味着稳增长的优先级别很高。

依托新零售新消费业态，平台经济带来了更广泛的就业，有更多新职业陆续涌现出来，为经济发展贡献重要力量。例如，天猫新零售的智能导购、盒马鲜生的采购员、AI 训练师、阿里云智能工程师、本地生活服务快递小哥……阿里巴巴已经创造和衍生出众多新就业，并营造了公平、包容的就业环境，成为传统就业的补充。数字经济时代新就业形态的涌现，既是新产业、新业态不断发展的结果，也是人们的美好生活需求在就业领域的反映。从这个意义来看，数字经济平台是对冲就业下行压力的有效组织形式。在提供包容普惠型就业的同时，也创造数字化新就业，是平台效应最大的正外部性。

本章主要从平台经济就业人员现状、与灵活就业人员比较分析，得出平台经济就业的新特点，如工作机会互联网化、工作任务项目化、工作方式弹性化、劳动关系多样化、劳动供给自主化。另外，从平台经济发展带动就业的正反两个方面入手，对两者的关系进行分析，并对基于平台经济而产生的新就业的未来趋势进行预测。

第一节　平台经济就业的状况

一、平台经济从业人员现状

由于目前缺乏对平台经济从业人员的权威统计数据，要对其现状做出准确的判断是很困难的。作为变通，课题组以部分企业研究院（如阿里研究院、滴滴政策研究院等）发布的数据、结合实地调研与专题研究报告，对平台经济从业人员的现状进行分析。

（一）从业规模扩大化

近年来，平台经济在我国继续保持动态快速发展的状态，对培育经济发展新动能、引领创新、带动就业等发挥了举足轻重的作用。据国家信息中心分享经济研究中心公布的《中国共享经济发展年度报告（2019）》的数据显示，2018 年共享经济市场交易额为 29420 亿元，比上年增长 41.6%；平台员工数为 598 万，比上年增长 7.5%。共享经济推动服务业结构优化、快速增长和消费方式转型的新动能作用日益凸显。2015—2018 年，服务业中的出行、住宿、餐饮等领域行业的共享经济新业态对行业增长的拉动作用分别为每年 1.6、2.1 和 1.6 个百分点，呈现持续扩大的趋势。报告预测，未来三年，我国共享经济仍将保持年均 30% 以上的增长速度，在稳就业和促消费方面的潜力将得到进一步释放。共享经济也将成为人工智能等新技术创新应用的重要场景，在身份核验、内容治理、辅助决策、风险防控、服务评价、网络与信息安全监管等方面发挥越来越重要的作用。

平台经济和共享经济的快速成长改变了传统的就业方式，创造了大量的新就业机会，人们可以按照自己的兴趣、技能、时间和其他资源禀赋，参与平台经济活动，实现就业，获得收入。据调研和测算数据表明，分享经济的就业弹性系数明显高于传统产业部门。据《中国共享经济发展报告（2019）》的数据显示，目前我国分享经济和平台经济从业人员的规模呈现扩大趋势。2018年共享经济参与者人数约7.6亿，其中提供服务者人数约7500万，同比增长7.1%；平台员工数为598万，比上年增长7.5%。

（二）表现形式多样化

随着互联时代的全面到来，新业态、新技术、新模式日新月异，平台经济从业人员的表现形式也呈现多样化的特点。据统计，在平台经济的从业人员中，既有升级版或者"互联网+"的传统灵活就业人员，也有高知识、高回报的新型自由职业和多重职业者。主要表现为以下几种：自主创业、自由职业、兼职就业、单位灵活雇佣。

自主创业方面，这类群体借助"大众创新、万众创业"的东风，在互联网这个载体的助力下，近几年蓬勃发展。人力资源和社会保障部的数据显示，2018年全国日均新设企业超1.8万户，比上年日均增加约1500户，市场主体总量超1亿户，对同期城镇新增就业贡献率近40%。这其中新业态创业的比重较大，几乎最活跃的分享经济、平台经济、网络经济都和"双创"密切相关。比较常见的有两类[1]：一类是电商，如淘宝店主、微商、网络代购商等，他们借助电商平台等网络资源，将线下店铺经营和传统零售模式搬到线上；另一类是分布于各类创业孵化空间（平台）的创客等新型创业者。他们以满足用户个性需求为核心，自己运用生产工具，创新、设计、制造产品和服务，所创事业多处于酝酿和孵化阶段，多不进行工商注册。还有一类是进行工商登记注册的企业，如大数据产业催生的"数商"这个新职业，他们根据大数据行业涉及的数据采集、加工、处理、分

---

[1]　陈云. 加强新就业形态扶持问题研究报告 [R]. 人社部劳动科学研究所，2016.

析、流通交易的各个环节，根据各自优势，负责其中一项或者多项业务。

自由职业方面，自由职业者根据自身禀赋的差异性，通过平台获得信息，去满足市场上多元化产品和服务的需求，但不隶属任何雇主。通常有以下几类：一是提供简单体力，如饿了么的送餐人员、58 到家上的搬运人员等；二是提供技能，如滴滴出行的司机、职业玩家等；三是提供知识，如猪八戒网上的"威客"等；四是组成社群平台，以共同价值取向、兴趣爱好、娱乐视听等吸引粉丝而提高点击率获得收入的群体，如直播平台上自媒体发布者等。

兼职就业方面，这类群体多有一份固定工作，由于对收入的追求或兴趣的发展，利用闲暇时间从事其他工作，如滴滴出行的兼职司机等。另外一类是最近比较热门的"斜杠青年"，多集中于"90 后"青年中，由于他们身具多项技能，如"翻译 / 猎头 / 自由作家 / 活动策划"等，这多项职业之间是平行的，无主要和次要之分。

单位灵活雇佣方面，主要是指在现有政策允许的范围内，在单位就业的过程中又有了新的雇佣关系。如鼓励科研人员创业的政策出台之后，部分高校、科研院所等事业单位专业技术人员，在原单位保留人事关系的同时进行离岗创业。再如，海尔公司鼓励员工在自设的创业孵化平台"海创汇"上创新创业，员工与企业的劳动关系依然存在，但传统纯粹的雇佣关系已转变为新型合伙人。

表 2-1　平台经济就业的各种表现形式

表现形式	特征	常见类型
自主创业	在互联网这个载体的助力下自主创业	电商、创客、注册企业
自由职业	根据自身禀赋的差异性，通过平台获得信息，去满足市场上多元化产品和服务的需求，但不隶属任何雇主	饿了么的送餐人员、58 到家上的搬运人员、滴滴出行的司机、职业玩家、猪八戒网上的"威客"等、直播平台上自媒体发布者

续表

表现形式	特征	常见类型
兼职就业	有固定工作，由于对收入的追求或兴趣的发展，利用闲暇时间从事其他工作	滴滴出行的兼职司机、斜杠青年等
单位灵活雇佣	在现有政策允许的范围内，在单位就业的过程中又有了新的雇佣关系	事业单位专业技术人员保留原人事关系进行离岗创业、海尔公司的"海创汇"

资料来源：作者整理。

（三）行业领域集中化

就平台经济从业人员的行业分布来看，主要集中于服务业。当然，这个服务业绝不仅仅是快递业和电子商务。既包括研发、金融、信息、物流等为代表的新兴服务业，也包括改造升级中的传统服务业；既包括生活性服务业，也包括与制造业相辅相成的生产性服务业等。

服务业在"互联网+"的推动下，相关产业迅速发展。据国家统计局的数据显示，2018年全国服务业生产指数比上年增长7.7%，保持较快增长。其中，信息传输、软件和信息技术服务业，租赁和商务服务业分别增长37.0%、10.1%。行业的增长也带动了相关行业从业人员数量的增长。如传统服务业方面，如表2-2所示。2016年共享经济带动生活服务领域就业2000万人，带动房屋住宿领域就业200万人。另据北京交通大学和阿里研究院、菜鸟网络的研究显示，2016年全国社会化电商从业人员的总数为203.3万人，其中一线人员（站点快递员、站点仓库操作人员、基层管理人员）163.6万人，二线人员（仓库分拣人员、客服人员、货运司机）33.8万人，三线总部职能人员5.9万人。新兴服务业方面，2016年共享经济带动知识技能领域就业2500万人，其中平台员工2万人。生产性服务业方面，2016年共享经济带动生产能力领域就业500万人，其中平台员工151万人。在生活服务领域，大型外卖平台注册配送员已超过百万余人。

表 2-2　2016 年中国共享经济重点领域的参与人员数

领域	参与人数（万人）	其中：提供服务人数（万人）	平台员工数（万人）
生活服务	52000	2000	341
生产能力	900	500	151
交通出行	33000	1855	12
知识技能	30000	2500	2
房屋住宿	3500	200	2
医疗分享	20000	256	5

数据来源：《中国分享经济发展报告（2017 年）》。

（四）群体分布差异化

从平台经济从业人员的群体分布来看，其就业群体差异较大，表现出不同的类型特征。如传统服务业中多为低龄的"两后生"或"40、50"等大龄劳动者；而新兴服务业中多以年轻、高文化和技能劳动者为主，就业观念和从业动因更多从自身志趣和职业发展、工作生活观念出发。

具体而言，以电商物流业和移动出行作为传统服务业的代表进行分析。北京交通大学的调查数据[①]显示，快递员学历以中专/高中/技校学历较为普遍，20—30 岁的男性为主，近八成是农村人口。而据滴滴政策研究院的报告显示，平台司机以男性为主（占 86%），青壮年是平台司机的主力军（从专车、快车的数据来看，46% 是 27—36 岁的"80 后"，其次为 37—46 岁的"70 后"，占比 32%）；代驾司机（全国 3804 个抽样样本）52% 为"80 后"，36% 为"70 后"；顺风车司机大多为"80 后""90 后"的年轻人，占比达 78%，多数为高中以上学历（占 80%）。

而从新兴服务业来看，以知识技能领域的猪八戒网为例进行分析。猪八戒网是众包服务平台，平台聚集一批以知识技能、经验等获得实际收

① 　全国社会化电商物流从业人员研究报告 [R]. 北京交通大学，阿里研究院，菜鸟网络 .2016.

入的"威客"①。这批"威客"主要以年轻人为主，平均学历本科以上，主要依靠自身的知识、技能、经验成为网络平台上的某个领域的咨询师和设计师。

二、平台经济就业与灵活就业人员比较分析

新业态从业人员在工作内容、职业特色、市场定位各方面与传统就业方式有一定的相通性，但是也呈现出和传统就业方式不同的特点，为了突出其特点，区别其和传统就业方式人员，将其称为"新就业形态"。

在关于新就业形态的研究中，一个突出问题是新就业形态与灵活就业的关系。党的十八届五中全会公报和 2016 年国务院《政府工作报告》提出"加强对灵活就业、新就业形态的支持"，首次将"新就业形态"作为政策概念予以确认，并与"灵活就业"并列提出。但并没有对这一概念进行详细说明，也没有对两者之间的关系做出说明。《国务院关于做好当前和今后一段时期就业创业工作的意见》（国发〔2017〕28 号）中继续关注新业态从业者的用工和社保等制度，在文件中提到："支持劳动者通过新兴业态实现多元化就业，从业者与新兴业态企业签订劳动合同的，企业要依法为其参加职工社会保险，其他从业者可按灵活就业人员身份参加养老、医疗保险和缴纳住房公积金，探索适应灵活就业人员的失业、工伤保险保障方式，符合条件的可享受灵活就业、自主创业扶持政策。"从以上文件可以看出，新业态就业和灵活就业之间既有内在联系，又有本质区别；既存在共同的特征，又有明显的差异。

（一）共同点和内在联系

纵观新业态就业和灵活就业的产生背景、发展情况，可以发现两者之

---

① 威客的英文 Witkey 是由 wit 智慧、key 钥匙两个单词组成，也是 The key of wisdom 的缩写，是指那些通过互联网把自己的智慧、知识、能力、经验转换成实际收益的人，他们在互联网上通过解决科学、技术、工作、生活、学习中的问题从而让知识、智慧、经验、技能体现经济价值。

间的共同点：第一，两者都是在经济社会发展到一定阶段，为了适应新的变化而出现的一种新的就业形态。如灵活就业在我国是伴随着市场经济体制的建立与完善、经济结构的调整和业态的发展、科学技术升级换代而出现和发展。20世纪90年代，随着国企改革推进和农业机械化发展、农村生产率提高，出现了大批的下岗工人和进城务工的农村转移劳动力。从引导劳动者转变就业观念、扩大就业和再就业门路的角度，我国提出鼓励和支持以灵活多样的形式进行就业。而新业态就业是在我国互联网经济蓬勃发展，以信息技术为基础，以平台企业为载体，表现为信息与机会互联网化、工作任务项目化、工作方式弹性化、主体身份自然人化的一种就业形态。第二，从雇佣关系上来看，两者都对劳动过程和劳动资料具有更多的自主性，都从雇佣关系方面对传统的生产雇佣关系进行了改变。第三，从就业形式来看，两者都表现出更多的灵活性，从业人员因工作机会的零散而不再受限于固定的工作时间和地点，工作方式更加弹性、工作时间更加灵活化、工作空间更加任意化。

当然，两者之间也是有其内在联系的。第一，新就业形态是灵活就业的升级版。新就业形态是在传统灵活就业的基础上，适应新的经济社会条件变化而发展起来的一种新的就业形态。第二，如果通过签订劳动合同为标准进行划分，可以将新就业形态简单划分为签订劳动合同和未签订劳动合同两类。而《国务院关于做好当前和今后一段时期就业创业工作的意见》（国发〔2017〕28号文件）做出规定："新业态从业者与企业签订劳动合同的，企业依法为其参加社保，其他从业者可按灵活就业人员身份参保。"从这个方面可以说，新业态从业人员中包含新业态灵活就业人员。两者有其交集的一部分，即新业态灵活就业人员。

（二）差异性

但新业态就业和灵活就业两者之间也存在很多差异，主要体现在以下四个方面。

第一，产生的经济社会条件不同。灵活就业是伴随着我国市场经济体制的建立与完善、经济结构的调整和业态的发展、科学技术升级换代而出现和发展的。改革开放后，我国实行"三结合"的就业方针（即劳动部门介绍就业、劳动者自愿组织起来就业和自谋职业相结合），出现了个体劳动者。而随着国企改革的深入和农村生产效率的提高，在20世纪90年代，出现了大批下岗职工和农村剩余劳动力。为了引导这批劳动者扩大就业渠道，政府提出了"鼓励和支持以灵活多样的形式进行就业"的观念。就此，开始了"灵活就业"在我国的发展。而新就业形态是伴随着互联网技术的进步，以互联网平台直连供给和需求的分享经济或零工经济全面发展而不断涌现的一种新的就业形态。传统意义上的低技能、低报酬、就业者被迫选择向技能要求较高、回报相对较高、劳动者主动选择的转变，智力型灵活就业者比重在上升。各种新的就业方式推动了新就业形态的形成和发展。

第二，资源要素的配置机制不同。当传统的灵活就业出现时，中国的人力资源市场是以正规就业为主，传统的灵活就业被视为一种低端的劳动力市场，是人力资源市场上的弱势群体被淘汰出或难以进入正规劳动力市场，而被动进入的低层次和边缘化的市场，属于对主流就业形式的一种补充。而新就业形态的出现是在信息技术发展到一定程度，发端于知识经济的特征，以互联网平台为载体，依托数字化、信息化、智能化、网络化的生产资料获得工作任务和劳动报酬。在这种新就业形态中实现了不同生产要素关系的变化、资源的重新配置。劳动者在工作过程中需要更多的协同作业才能完成任务。与劳动力市场上的正规就业一样，也属于主流的就业形态，而非正规就业的补充形态。

第三，体现的价值理念不同。传统的灵活就业虽然能够在一定程度上反映劳动者在特定历史条件下谋求出路、实现自我的价值理念，但仍然是一种被动的行为，仍然没有摆脱对资本和生产资料的依附。而新就业形态更多地反映了劳动者的主体性价值，是一种主动的择业观念，体现的是劳动者作为主体在实现生产创造价值中的真正地位和作用。当然，在这种主动择业的工作中，其回报也并不仅仅是薪酬，还有从工作中获得的满足感、成就感、幸福感等美好的感受。

第四，从业者群体及所在的行业领域不同。传统的灵活就业人员主要包括劳务型、知识型、经营型三种类型，主要集中在传统的服务领域，主要群体包括建筑工、搬运工、清洁工、在社区打零工者（劳务型），在多家企业兼职的会计人员、在课外辅导机构兼职的教师（知识型），无照经营摊贩、无证运营车辆车主（经营型）等。与传统的灵活就业相比，新就业形态从业人员主要包括自主创业、自由职业、多重职业或兼职就业、单位灵活雇佣等类型，所涉及的领域突破了传统的服务行业，借助"互联网+"涉及国民经济社会生活的全行业，特别在房地产、在线旅游、订票服务、一站式生活服务平台、餐饮业、汽车租赁等领域。

三、平台经济就业的新特点

通过上述对平台经济从业人员现状，以及平台企业从业人员和传统灵活就业人员的比较分析，可以发现，平台经济从业人员在工作内容、职业特色、市场定位与传统就业方式有一定的相通性，但也呈现出一些新特点，这些新特点让平台经济就业的识别特征更加明显化。

（一）工作机会互联网化

互联网技术作为平台经济的基础，改变了原有劳动力市场供需对接机制和资源配置方式，形式多样的网络平台成为平台企业从业人员获得工作机会的重要来源。如"斗米优聘"公司是一家灵活用工人才共享平台，力主为几亿人提供有保障的自由工作机会，成为灵活就业者与灵活用工企业的一站式服务平台，用平台信息连接着用工企业与灵活就业者。再如移动出行领域的滴滴出行、神州专车、首汽约车的司机都是在平台上接收到平台分派的用户用车信息，然后进行出行服务，完成某次出行任务。餐饮外卖行业的饿了么、美团外卖等骑手，也是通过手机 App 接收到平台上分派的送餐任务，完成某次送餐任务。

（二）工作任务项目化

随着社会化的发展，公众的需求越来越多元化，社会分工也日趋精细化。新业态中的众包经济、共享经济也依托平台应运而生，在这种经济状态下，工作任务常被细分为多个子任务或独立的项目，由互联网平台发布信息，连接不同劳动者来共同完成任务。如创办于 2005 年的服务众包平台猪八戒网，服务交易品类涵盖创意设计、网站建设、网络营销、文案策划、生活服务等多种行业，有千万服务商为企业、公共机构和个人提供定制化的解决方案，将创意、智慧、技能转化为商业价值和社会价值。作为中国最早的专业技能分享经济平台，猪八戒网聚集了超过千万专业技能人才和机构。超过六百万家企业通过猪八戒网找专业人做专业事，购买标识设计、编程、知识产权、财税等全生命周期服务。

（三）工作方式弹性化

因为平台经济等新业态的出现，从业人员有机会从固定的工作时间、工作地点中解放出来，不再受限于固定的工作时间和工作地点，呈现出工作闲暇一体化、工作时间灵活化、工作空间任意化的特点。另外，全职就业也有了兼职化的倾向，如白领下班后兼职开滴滴专车；零工就业全时化，如送餐人员可以依托平台为好几家企业做一整天类似全职工作的全时工作。

具体而言，从工作时间来看，新型用工形式企业的从业人员工作时间弹性自由，并且呈现工作闲暇一体化的特点。如滴滴平台上的专快车司机，多数司机在线时长为每周 14 个小时以内，主要分布在早晚高峰，在其他时间段则回归到私家车状态。从服务时间来看，上午 8：00—11：00 和晚上 17：00—21：00 是专快车司机在线时间的高峰，与上下班高峰时间重合；11：00—16：00，在线司机的人数一般且保持稳定；23：00—7：00，在线人数则非常少，这对缓解特大城市、大城市高峰时段打车难的问题作用巨大。早晚高峰时间段，本应该是这些兼职司机闲暇的时间，但由于滴滴专快车工作时间的灵活性，模糊了工作和闲暇的区别。

从工作地点来看，有别于传统型企业集中式的工作场所，新业态企业利用 App 等线上方式，通过大数据、地理位置定位技术等，进行分片式管理，以及时满足不同区域的在线服务需求，所以从业人员的工作地点相对分散灵活。如滴滴顺风车司机的工作地点呈现多点状集中分布，主要围绕家庭居住地迁移与工作单位分布的特征，实现了生活、工作、出行、兼职工作为一体的特征。

（四）劳动关系多样化

平台企业由于其经营模式和用工形式的多样化，使得其从业人员与企业之间的关系也呈现多样化的趋势。主要表现为劳动关系、弱劳动关系、完全脱离传统的劳动关系。如表 2-3 中提到的平台自营模式中的神州专车与司机签订劳动合同，为传统型的劳动关系；而新型共享模式中猪八戒网的"威客"和平台企业没有签订劳动关系，以个人身份提供劳动，平台对其监管也有限，成为完全脱离传统的合作伙伴关系；加盟合作模式中的京东到家，采取的是"平台 + 企业 + 个人"的用工模式，通常个人与加盟企业签订劳动合同，平台对其有监管义务，成为弱劳动关系。

表2-3　新业态企业主要经营模式和用工形式

经营模式	企业是否为用工主体	用工形式	劳动关系	代表企业
平台自营	用工主体	类似传统	类传统型	神州专车、首汽约车等
新型共享	类用工主体	平台 + 个人	去传统型	人人快递、猪八戒网等
加盟合作	非用工主体	平台 + 企业 + 个人	弱传统型	天猫商城、京东到家等
多元混合	多元	复杂多元	多元化型	饿了么、滴滴出行等

资料来源：作者整理。

（五）劳动供给自主化

平台企业中的从业人员对自己劳动供给的自由度较高，对于选择什么时间、什么地点、做什么工作完全可以由自己决定，真正做到了分时就业、随时就业。在职业的选择上，也呈现出自主化的趋势，如多集中于"90 后"青年中的"斜杠青年"，由于他们身具多项技能，如"翻译 / 猎头 / 自由作家 / 活动策划"等，这多项职业之间是平行的，无主要和次要之分。

但从劳动供给方从业人员对任务选择的自由权来看，不同用工形式下的从业人员的自由权还不一样。如餐饮外卖行业，对于其直接雇佣的配送员采用就近派单模式，并建立了对拒接单行为的扣分机制，如果在规定期限内订单完成量太低，配送员可能会面临被辞退的风险；对于众包服务配送员，采用抢单模式，尽管平台设置了订单奖励补贴鼓励配送员提高订单完成量，但众包配送员的任务选择自由权更大。

第二节　平台经济发展与带动就业的关系分析

通过第一节对平台经济从业人员现状，以及与灵活就业人员的比较分析，可以发现，平台经济就业与其还是存在很大的差别。对社会经济运行和社会主体行为都产生了巨大的影响。具体到就业方面，平台经济作为新生事物，在带动就业方面必然有正反两个方面的影响，本节重点从平台经济发展与带动就业的关系角度进行分析，并运用案例分析的方法进行典型研究。

一、正面激励

从积极作用方面来看，平台经济的发展在带动就业增长（创造工作岗位）、增加弱势群体的就业机会、促进劳动者技能提升、促进非正规就业正规化方面都起到了积极的作用。

（一）更能带动就业的增长

以平台经济为代表的新业态发展与带动就业的关系，其从量上能够带来多少的就业机会，一直是社会各界关心的问题。虽然目前已经有一些行业企业的研究院和大专院校的课题组对例如滴滴出行、阿里零售平台的带动就业做了分析，据《智能出行大数据报告（2016年）》的数据显示，2016年滴滴出行平台为全社会创造了1750.9万个工作岗位，其中去产能行业238.4万个，退伍军人87.5万个；另外，据阿里巴巴集团公布的数据[1]显示，2016年9月，中国人民大学劳动人事学院《阿里零售平台带

---

[1]　中研网数据中心.阿里新年公布七大数据：去年纳税238亿元创造3000万就业岗位[N].2017年1月4日，http://www.chinairn.com/news/20170104/115555351.shtml.

动就业问题研究》课题组利用投入产出法对阿里平台的就业带动效果进行测量，结果显示：以 2016 年为例，阿里平台总体为社会创造 3083 万个就业机会，其中交易型就业 1176 万、支撑型就业 418 万（电商物流 203 万，电商服务业 215 万）、带动（衍生型）就业 1489 万，主要包括上下游制造业、批发业、金融、物流、服务商等行业和岗位。但是，这些分析仅仅是从单个企业、单个行业而言，缺乏总体性。因此，本文章节在全局的角度，在目前经济新常态下，新旧动能的转换时期，对新业态经济带来的就业机会进行计算，回答经济新业态带来的就业岗位能否弥补一些传统行业旧岗位的替代消亡。

计算方法借鉴了中国社会科学院人口与劳动经济研究所利用投入产出表对于新经济对经济发展的贡献的计算方法。计算方法如下：

第一步：明确新经济的定义及其所属的行业，挑选出"投入产出表"中属于新经济的行业，主要包括新经济中新技术和新业态的行业。参考《高技术产业（制造业）分类》《高技术产业（服务业）分类》《战略性新兴产业分类（2012）》《专利密集型产业目录（2016）》等，对每个行业赋予权重，以确定新经济中行业的总体增加值及其份额。

第二步：计算"投入产出表"中新经济各个行业的就业人数，根据分行业城镇单位和其他单位就业人员的平均工资水平和劳动报酬总额，推算出"投入产出表"中新经济各个行业的就业人数。

通过计算可以发现，2016 年我国新经济带动就业的规模为 7819 万人，占总就业的 10.1%。这个就业规模为新经济直接带动的就业规模，是直接服务于新经济的就业人数。而从间接拉动来看，即新经济为提供商品和服务的产业带来的就业需求来看，间接贡献为 5001 万人，占总就业的比重为 6.4%。新经济直接拉动和间接拉动就业的人数占总就业人数的比重为 16.5%，比 2012 年上升了 2.6 个百分点，比 2007 年上升了 6.8 个百分点。

另外，通过对新经济的分析，新经济可以划分为两类：一类以创造新技术为目的所发生的经济活动为新技术产业；而另一类依托新的技术创新生产要素的组织方式和商业运营模式为新业态经济。通过对其划分行业的计算，可以得出表 2-4 中两大类经济的就业模式。

表 2-4　新业态经济的就业规模

年份	新经济			新技术经济	新业态经济
2007	就业（万人）	4191		843	3348
	占新经济的比重（％）	100		20	80
2012	就业（万人）	6506		1144	5362
	占新经济的比重（％）	100		18	82
2016	就业（万人）	7819		1278	6540
	占新经济的比重（％）	100		16	84

数据来源：张车伟，赵文，王博雅 . 新经济：概念、特征及对增长和就业的贡献 [J]. 中国人口与劳动问题报告，2017：33.

2016 年新业态经济带动就业规模为 6540 万人，占新经济就业的 84%，占总就业的 8.4%，比当年新技术经济带动的就业人数多了 5262 万人，比新技术经济占新经济就业的比重多了 68 个百分点，比新技术经济占总就业的比重多了 1.4 个百分点。这说明，从新业态和新技术的角度划分来看，新业态经济带动就业的增长力要大于新技术经济，其更有利于就业的增长。

从年度变化来看，2007 年新业态经济带动就业的规模为 3348 万人，占新经济就业的 80%；2012 年这一就业规模上升为 5362 万人，占新经济就业的比重上升为 82%；2016 年更是上升为 6540 万人，比重上升为 84%。这说明近十年来，我国新业态经济带动就业的规模和占比都呈现上升的趋势。2007—2016 年，新业态经济就业的年均增长率为 6.92%，比新技术经济就业的年均增长率多了 2.68 个百分点，比新经济就业的年均增长率多了 0.49 个百分点。和同一时期就业总规模的年均增长率 0.30% 进行对比，可以发现，新业态经济就业的年均增长率比就业总规模的年均增长率多了6.62 个百分点。可以说，新业态经济已经成为我国经济发展中支撑就业增长的重要力量。

（二）增加弱势群体的就业机会

弱势群体，指在社会生产生活中由于群体的力量、权利相对较弱，因而在分配、获取社会财富时较少较难的一种社会群体。就我国就业状况而言，主要指缺乏就业技能、学历、工作经验等，在劳动力市场上缺乏竞争力的部分群体，如产能过剩行业的下岗职工、年龄较大者、女性、残疾人等。以平台经济为代表的新业态就业的最大特征是工作方式弹性化，这种工作时间、工作地点、工作方式的灵活性有助于增加弱势群体的就业机会。这一观点早在 2014 年中国就业促进会关于"网络创业"的报告中就有所体现，其认为"网络就业创业具有灵活性、公平性等特点。就业方式灵活，就业弹性大、门槛低，创业成本小、范围广、不受城乡地域限制，青年、妇女、残疾人等弱势群体皆可创业就业"。据中国劳动和社会保障科学研究院的数据显示，2018 年网约车新就业为建档立卡贫困人员、退役军人、失业人员等提供了就业机会，滴滴出行平台网约车司机中有 6.7% 是国家建档立卡贫困人员，12.0% 是退役军人。据中国残疾人联合会、阿里巴巴集团的数据显示，截至 2017 年 6 月底，淘宝网上共有残疾人卖家 31.6 万人，在淘宝上共销售 105 亿元。根据滴滴政策研究院的数据显示，2016 年 6 月至 2017 年 6 月，在平台上完成过订单的车主（就业）有 2107.8 万人，占2016 年底全国服务业就业总人数的 6.2%。这其中，去产能行业职工（煤炭、钢铁、煤电、水泥、化工、有色金属等行业）393.1 万人，复员转业军人 178.8 万人，女性 209.3 万人，零就业家庭 136.8 万人。

案例一：单亲妈妈开滴滴撑起一个家

　　冉毅春，"80 后"云南姑娘，现如今在浙江杭州工作生活。2009 年 11 月，在建筑工地工作的丈夫由于工伤造成脑死亡。"家里的顶梁柱没了，我感觉天都塌了。"这是她面对家庭突发事件时的第一反应。但是日子还得继续，两个孩子还得要养活。就像她的名字一样，这个"80 后"姑娘用她的毅力、勤劳、勇敢去支撑这个家。她先是开了一家烤鱼店，但是由于受到季节性的影响，冬天的时候烤鱼店的生意就很冷淡。随着新业态的发展，她发现干滴滴也能挣钱，工作时间也还比较宽松，于是 2017 年 3 月她加入了滴滴，成为一名滴滴司机。到 2017 年 12 月，她共接单 1574 单，星级评分 5 星，服务分 97 分。收入也足以养活两个孩子，并且接触的人多了，心情也好多了。随着新年的到来，她表示 2018 年她将以这种自己喜欢的方式继续生活下去。

资料来源：滴滴政策研究院。

（三）促进劳动者技能水平的提升

平台经济就业中有一大特点即劳动供给自主化，这一特点从本质上促进就业者更充分地发挥其知识、技能、天赋，更好地去利用信息技术成为获利的工具。另外，由于平台经济具有先天的载体优势——平台，这个载体有助于其从业人员更好地分享经验、技术等，从而有利于平台经济的整个生态系统内部所有从业人员技能水平的提升。

案例二：“猪八戒网”中的就业

“猪八戒网”是创办于2005年的服务众包平台，服务交易品类涵盖创意设计、网站建设、网络营销、文案策划、生活服务等多种行业，有千万服务商为企业、公共机构和个人提供定制化的解决方案，将创意、智慧、技能转化为商业价值和社会价值。

作为孵化器的“猪八戒网”带来了大量就业机会，已形成一个能解决5000余人就业的员工队伍，有超过1300万个人和专业机构在猪八戒网开店，超过15万家公司、100万家工作室从猪八戒网孵化出来。创造超过100万个VI、LOGO、APP，带来了超过100万人在猪八戒网实现就业，其中超过10万学子通过灵活就业在猪八戒网赚取了第一桶金。猪八戒网在2016年启动了服务商扶持计划，包括培训年收入超过5000万元的企业5家、超1000万元的企业20家、超过500万元的企业100家、超100万元的企业1000家、超10万元的企业10000家，带来了大量的灵活就业机会。

猪八戒网的用工形式采用“平台＋个人”，个人带着专有的技术、知识、技能、资产、工具等以个人名义自主加入平台，个人和平台企业之间没有签订劳动合同，只是以合作伙伴的关系共同完成客户的需求任务，平台设置一系列规则进行管理。企业从传统的封闭模式到通过互联网平台，形成灵活开放的业务形式与组织形式。如客户需要寻找一位合适的设计师，平台就成为需求方客户和设计师之间的载体，为其搭建桥梁，进行供求匹配，达到资源的最优化。客户提出需求，设计师提出创意、进行定位、负责设计、制订计划、进行服务。另外，在平台上猪八戒网上的这些带有技术、知识、技能、资产、工具等个人，即"威客"还可以分享其为客户服务的经验、技术等，有利于这个平台上与其从事相关行业领域工作的从业人员技能水平的提升。

资料来源：作者根据猪八戒官网、分享经济等相关资料整理。

此外，平台经济企业也会对其从业人员进行培训，以提高其为消费者提供服务的能力。如万象物流公司[①]，根据电商运营业务制订培训计划，并在全国开展各种培训，围绕企业核心价值观将企业从业人员的成长路径分为四个阶段，通过讲授、研讨、角色扮演、小组互动等多种培训形式，快速有效地、更接地气地将企业文化、岗位知识、工作技能等内容进行培训辅导，以提高从业人员的技能水平和服务水平。万象物流公司各个岗位的描述及工作内容，针对不同岗位的培训内容，详见表2-5所示。

[①] 万象物流成立于2008年，下辖上海万象文化发展有限公司、上海万象文化配送有限公司、广州万象物流有限公司，主营业务为电子商务B2C、B2B、C2C、B2F落地配配送业务。

表2-5 万象物流公司不同岗位不同阶段培训情况

阶段	高管VIP			总部/运营管理层			实习生			社招普工		
	培训内容	培训时长	培训方式	培训内容	培训时长	培训方式	培训内容	培训时长	培训方式	培训内容	培训时长	培训方式
第一阶段（一周内）三玉速成班	企业文化制度流程	5小时	理论讲授现场指导	企业文化制度流程	9小时	理论讲授	军训演练企业文化制度流程	3天	理论讲授角色扮演	企业文化制度	7小时	理论讲授
第二阶段（一个月内）实践成长营	岗位实践	1个月	现场指导	岗位实践参观仓库	1个月	现场指导参观访问	岗位实践	1个月	现场指导主题研讨	岗位实践	1个月	现场指导
第三阶段（两个月内）腾飞精英圈	拓展主题活动	5小时	主题研讨	拓展主题活动	8小时	主题研讨	绩效提升	7小时	主题研讨	绩效提升	1小时	技能练习
第四阶段（三个月内）实现心怡梦	组织部访谈	1小时	现场指导	读书同学会	5小时	主题研讨	读书同学会	5小时	主题研讨	员工关怀	持续	主题研讨

资料来源：万象物流和《全国社会化电商物流从业人员研究报告（2016）》。

（四）促进非正规就业正规化

非正规就业正规化是国际劳工组织一直以来很关注的问题，特别是新业态经济出现之后，新就业形态层出不穷，与正规就业比较而言，其非正规化程度较高，其劳动关系多样化、社会保障缺乏化的状态令人关注。然而，由于新就业形态与之前灵活就业的差异性，张成刚（2016）[1] 等有关学者发现新就业形态的发展创造了非正规就业正规化的机会。理由如下：在平台企业中存在的很多服务行业从业人员，如家政服务员、送货员、移动出行司机等，以前可能都处于没有监管和约束的非正规就业，正是平台的出现，平台企业规则的约束，使得其隐形就业显性化，通过平台的监管和数据记载，工商、税务、社保、统计等各类政府部门可以明了这些从业人员的就业、基本收入、纳税、社保等情况，有利于将这些原本游离于正规就业之外的就业者纳入正规的经济部门，变为正规就业。这一趋势是符合非正规就业正规化之路的发展方向的。在具体促进新就业形态正规化的道路上，我们可以借鉴学习美国新就业形态工作平台 TaskRabbit[2]，平台通过一些算法计算并设定了就业者在劳动力市场交易中的最低收入标准，使得在平台上就业的从业人员的收入更加符合美国最低工资标准，确保从业人员的基本权益。

二、负面影响

（一）旧岗位的替代消亡

随着以平台经济为代表的新业态的出现与发展，其在就业方面的影响不仅仅表现为新岗位的创造，当然也表现为旧岗位的替代、消亡。

---

[1] 张成刚. 就业发展的未来趋势，新就业形态的概念及影响分析 [J]. 中国人力资源开发，2016（19）：86-90.

[2] TaskRabbi 是美国一个任务发布和认领形式的社区网站，任务发布者（TaskPosters）通过这个平台获得任务兔子（TaskRabbits）的帮助，而任务兔子在完成领取的任务后可以获得一定的报酬。

本书所讨论的"旧岗位的替代消亡"主要包括两个方面：一方面是随着新技术新业态的出现，对原有传统产业冲击造成的旧岗位的消亡；另一方面是由于现代化、自动化、智能化装备代替传统人工劳动的一场生产模式变革，即"机器换人"造成的旧岗位的替代消亡。

具体而言，对原有传统产业冲击造成的旧岗位消亡方面，据职场社交平台 LinkedIn（领英）在北京发布《2016 年中国人才趋势报告》数据显示，随着科技驱动新商业模式和工业 4.0 等产业升级拉开序幕，一方面，低技能岗位将消失，而高技能人才供需难匹配。到 2020 年，全球将会有700 万个工作岗位消失，包括一些基础白领和蓝领技工等；另一方面，计算机、数学、建筑等领域能够创造 200 万个新的工作机会，因此这中间将会产生 500 万个工作缺口[①]。

"机器换人"造成的旧岗位的替代消亡方面，这是第四次工业革命所倡导的向智能化转型的必然趋势。从世界范围来看，2015 年全球机器人使用总量达到 160 万台，2010—2015 年的年均增速超过 17%。发达国家制造业、服务业等行业已经开始广泛使用机器人。据统计[②]，当前每万名工人使用工业机器人数量（即机器人使用密度）平均为 66 台，其中韩国的机器人使用密度最高，达到 437 台 / 万人，美国、德国、日本也能达到 300 台 /万人以上，并且每年还在以 5%—10% 的速度增长。从我国国内的情况来看，2015 年我国机器人使用密度为 49 台 / 万人，低于世界平均水平近 20台。珠三角、长三角等地区的工厂也都开展"机器换人"项目，如广东省东莞市连续三年每年安排预算资金 2 亿元，用以资助机械、服装、纺织、电子等行业的企业引进自动化设备进行技术改造，近五年全市有 66% 的企业开展"机器换人"，其中近 50% 的企业减少就业岗位 10% 以上；另

① 科技日报，2016 年 7 月 13 日，http://tech.hexun.com/2016-07-13/184893360.html。
② 马洪君，金玲，穆林，刘兴元 . "机器换人"新形势下辽宁就业问题的思考 [J]. 辽宁经济，2016（12）：18-20.

外，江苏富士康昆山厂区几年来已经利用机器人替代了约 70% 的人工生产岗位，将工人数量由 11 万人削减到 5 万人。这组数据中的 70% 的人工生产岗位、减少的 6 万工人数量即为"机器换人"而造成的旧岗位的替代消亡。另外，随着新业态的发展，马云的不用掏钱包、不用掏手机就能买单的无人超市"淘咖啡"已经出现，虽然这种营业模式会减少超市的导购、日常运营、收银、物流等人员的岗位，但是也不能简单认为就业率会降低，因为在机器识别产品的时候，是存在一定的差错率的，此时需要一定的人工干预，也会衍生出一群其他职业，例如无人便利店的营运维护人员、安保人员、货物失窃追讨人员等。因此，从一定程度上说，新业态的出现会使得部分职业的就业方向发生改变，而就业率是否会降低，需要进一步研究验证。

需要说明的是，虽然从就业岗位数量变化上来看，岗位数量的减少是对就业负面的影响，但统观全局，其也有促进传统产业更新换代、转型升级的作用，不能完全称之为负面影响。本部分仅从岗位数量的角度进行考察，故而将其归纳为"负面影响"之列。

（二）职业缺乏可持续性

平台经济就业最大优点是灵活，其相应弊端就是不确定性和不稳定性。比较突出的问题主要表现在平台企业中就业的人员缺乏职业发展的可持续性。当前，许多平台企业的业务发展和日常运营主要依靠风险投资，尚没有找到成熟的商业模式和盈利路径，一旦投资中断，难逃倒闭厄运。据创界网的不完全统计，由于同质化严重、盈利模式不清、资金链断裂等原因，2015年，餐饮、生活服务、出行、健康、教育、旅游、房地产等领域的 400 多家平台企业关门或被其他企业兼并（部分行业平台企业倒闭情况如表 2-6 所示）。此外，多数平台企业尚处于发展初期，大量平台本身生存周期很短，或者项目内容转换频繁，加上其产品和服务的安全性、质量保障体系、用户数据保护等方面仍存在风险隐患，这其中的任何一个方面出现问题，都可能引发企业的公关危机和法律纠纷，对平台的持续运营造成不利影响，进而影响依托平台生存的就业者。平台企业的这种不稳定性直接导致了平台从业人员的职业不可持续性，迫使部分平台企业的从业人员如同"零工经济"中的打零工者一样，仅仅是维持生存的手段，毫无保障可言。但这些群体也有自己的诉求，据劳动科学研究所课题组的调查发现，对这种工作形态的满意度他们喜忧参半，感到焦虑的部分群体是因为其收入和接单的数量呈正相关，并且接单的不确定性有可能造成每天收入的悬殊差别，所以其仍然希望有一份稳定的工作和清晰的职业发展路线。

表2-6　2015年部分行业平台企业倒闭情况

所属行业	品牌名称	成立时间	所在地	主营业务
餐饮	饭是钢外卖	2009.2	北京	O2O 模式外卖网站
餐饮	小叶子外卖	2009.3	上海	主打上海市场的外卖订餐服务
餐饮	好吃佬美食网	2011.12	湖北	武汉地区的 O2O 餐饮平台
餐饮	菜谱网	2012.10	浙江	基于地理位置的美食信息服务
餐饮	砧板先生	2014.11	深圳	半成品 O2O 平台企业
出行	摇摇招车	2011.11	北京	智能招车应用
出行	大黄蜂打车	2013.3	上海	打车应用
健康	医生之家	2013.10	北京	执业医生、医务人员分享交流服务
健康	吃否	2013.6	成都	对症食物查询网站及健康
房地产	房屋网	2010.4	上海	找房搜索引擎
房地产	看房网	2013.4	长沙	房产推广和看房服务
美业	娜米汇	2010.11	杭州	美妆分享社区
美业	放心美	2013.7	北京	基于地理位置帮助用户寻找发型师，实现用户和发型师对接
婚嫁	红运娃娃	2011.6	北京	婚嫁
婚嫁	顶酒宴网	2011.6	上海	宴会分销网站

资料来源：作者根据创界网相关资料整理。

（三）降低了劳动关系的稳定性

经济新业态催生了新的商业模式，即在网络环境中基于一定技术基础的商务运作方式和盈利模式。而新的商业模式由于在用工主体、供需主体、服务类型等方面存在不同，其对应的经营模式和劳动用工关系也不尽相同。正如本书论述的"劳动关系多样化"所描述的平台企业的经营模式大体分为平台自营、新型共享、加盟合作、多元混合四种类型，其分别对应的劳动关系类型分为类传统型、去传统型、弱传统型、多元型四种。不同经营模式平台企业与劳动者关系呈现灵活化和多样化的趋势。如平台自营模式中的神州专车与司机签订劳动合同，为传统型的劳动关系；而新型共享模式中猪八戒网的"威客"和平台企业没有签订劳动合同，以个人身份提供劳动，平台对其监管也有限，成为完全脱离传统的合作伙伴关系。加盟合作模式中的京东到家，采取的是"平台＋企业＋个人"的用工形式，通常个人与加盟企业签订劳动合同，平台对其有监管义务，成为弱劳动关系。然而劳动关系这种灵活化、多样化的趋势往往伴随着劳动关系的建立、变更、终止或解除，对传统劳动关系的认定标准也提出了挑战，并且极易引发劳动争议甚至群体性事件。

近年来，我国平台从业人员劳动关系认定争议案件急剧增多就是一个很好的例证。据北京市朝阳区人民法院统计，自 2015 年 1 月至 2016 年 8 月，该院共受理了 140 件与"互联网＋"有关的劳动争议案件，其中极为典型的案件有 118 件。这些案件的争议焦点主要集中在双方是否存在劳动关系上。表 2-7 是部分平台企业劳动用工纠纷案件的情况及判决结果。通过这些有代表性的新型争议案件可以发现，但凡单纯诉求确认劳动关系的案件，裁判结果通常支持非劳动关系主张；倘若案件涉及工伤认定或赔偿，裁决结果往往认定存在劳动关系。究其原因，除了裁判机关及裁判人员对损害赔偿责任承担能力的统筹考虑之外，对传统劳动关系认定标准存在一定的弹性导致不同理解也是主要原因之一。这就对"互联网＋"下的劳动关系标准认定提出了挑战。

表2-7 部分平台企业劳动用工纠纷案件情况

时间	企业	原告	争议焦点	结果	认定结果
2015.2	亿心宜行公司（e代驾）	代驾司机	是否为劳动关系；支付未签劳动合同双倍工资、解除劳动关系经济补偿金；补发工资等	驳回原告诉求	非劳动关系
2016.5	上海亿君汽车服务有限公司（神州专车关联公司）	专车司机	劳动合同纠纷，司机是否存在用人单位所述违纪行为以及该行为是否达到解除劳动关系的严重程度。违法解除劳动合同赔偿金；补偿工资差额	基本驳回原告诉求	劳动关系
2016.12	滴滴出行	事故中非平台司机一方	机动车交通事故责任纠纷（乘客下车开门撞到行人），平台是否是承运人而承担侵权责任	滴滴出行是承运人，与乘客承担超出保险之外的各50%赔偿责任	
2015—2016	饿了么等餐饮外卖平台	事故非平台方配送员	交通事故责任纠纷或生命权、健康权、身体权纠纷，是否属于职务行为	平台承担相应赔偿责任，涉及劳务派遣公司基本不承担赔偿责任	雇佣关系

资料来源：作者根据中国裁判文书网整理。

（四）劳动者社会保障面临诸多困扰

由于目前我国社保关系和劳动关系挂钩，平台经济的发展及未来趋势给企业劳动用工带来相关问题和挑战，在社会保障方面，问题和挑战同样不容忽视。如大量从业者缺乏基本社会保障，新就业形态从业者参加社会保险热情不高，参保险种偏少（陈云，2016[①]）。另外，部分平台经济从业人员的收入水平不稳定影响其持续缴费能力；户籍地的限制加大了平台经济从业人员以灵活就业人员的身份参保的难度，这主要是因为地方养老保

---

① 陈云. 加强新就业形态扶持问题研究报告 [R]. 2016 年中国劳动保障科学研究院基本科研业务费项目.

险政策对灵活就业人员参保有户籍地的限制，即均要有当地户籍才能以灵活就业人员的身份参保，这是劳动力输入省份为防止道德风险制定的，但也成为非本地户籍新业态从业人员参保的主要障碍。这种户籍政策限制不仅在养老保险中存在，在医疗保险中也普遍存在。另外，在平台经济比较集中的服务业领域，如快递业、移动出行等领域，其从业人员在工作过程中的安全状况不容忽视，其对工伤保险需求量大，但责任认定难。究其原因，目前我国工伤保险设计是以传统的、规范的单位用工模式设计，而新业态企业中大多为新型的用工形式，新型用工形式中的"弱劳动关系""去劳动关系"等形式的用工与工伤保险制度设计有诸多的不适应。如参保前提、缴费主体、支付责任、取证认定等方面。

三、未来发展趋势

在新一轮工业革命浪潮的推动下，平台经济发展对于就业带来的影响，可谓机遇与挑战并存，就未来发展趋势而言，主要可能表现为以下几点。

（一）创造的就业岗位远远多于被替代的岗位

正如我国政府对于新业态的发展持包容审慎的态度，课题组对于平台经济发展带动就业的未来持积极乐观的态度，认为新技术新业态创造的就业岗位会远远多于被替代的岗位，并且从就业质量上而言，也会比传统就业岗位有所提升。正如李克强总理在 2017 年夏季达沃斯论坛上发表演讲的观点：新一轮工业革命通过"互联网＋""双创"带来的像网购、快递、共享单车等新技术、新业态所创造的就业岗位，远远大于被机器人所代替的工作和岗位。这只是一个结构转换，或者说是对人的技能的培训调整问题，我们敢于去应对这种挑战，因为这个挑战是不可避免的，而且通过发展新技术、新业态、新模式，会让几乎所有人的个性选择大大地发挥，形成巨大的市场潜力，每个人的智慧能够充分地发挥，众智能够更多地聚集起来，所创造的财富、所增加的岗位就一定会远远大于失去的。

（二）新就业形态与新发展理念相契合

在经济新常态下，我国发展的环境、条件、任务、要求等都发生了新的变化。适应新常态、把握新常态、引领新常态，保持经济社会持续健康发展，必须坚持正确的发展理念。平台经济的发展与党的十八届五中全会提出的"创新、协调、绿色、开放、共享"新发展理念、党的十九大提出的新时代、新思想、新论断等是高度契合的。

创新驱动战略是中国经济转型升级和结构调整的核心动力。而新技术、新业态等正是创新经济的重要方式和结果。平台经济打破传统经济发展的局限性，促进劳动者和各项资源的有效融合，达到资源最有效化利用和个人劳动生产率的最大化开发。互联网是平台经济发展的基础，其最基本的特征就是开放、共享、协作，这也是平台经济的主要特征。以互联网为载体的平台经济，在一定程度上改变和颠覆了传统的经营模式，形成协作共享的工作环境。另外，平台经济带动的就业有利于非正规就业正规化，从某种程度上说，有利于解决人民日益增长的美好生活需要和不平衡不充分的发展之间的矛盾，有利于建成富强民主文明和谐美丽的社会主义现代化强国这一奋斗目标。

（三）新就业形态将促进劳动力代际转换及就业观念与方式转变

当前，我国人口正在进入新一轮的代际转换期，以改革开放以后，于20世纪80和90年代出生的人口正在开始成为人力资源市场上的生力军，作为新成长的劳动力，与其父辈之间存在着明显的代际差异，在价值观念、行为方式、生存生活环境等方面已发生深刻变化。在就业方面，基本上摆脱了基于生存需求的求职动机约束，以个体自由发展为目标和需求的职业观念和行为成为主要特点，更加喜欢也有条件选择更加自由、体面和与自身志趣、知识技能相匹配的工作。尤其是作为生活在数字经济环境下的新一代城镇劳动力，作为未来就业的主力军，对就业有着独特的理解和偏好，谋生已经不是其寻求工作的首要原因和动力，成就自我成为主要的职业追求，喜欢追求变化与新刺激，对组织和工作的依附性较弱，对开放自由、宽松工作环境的要求取代了工业生产的流水线车间，渴望挑战自我潜力和各种可能的工作和生活方式。据全球知名职业社交平台"领英"最新发布的《2015 中国自由职业者现状报告》显示，目前自由职业者主要为工作年限不长的年轻群体；他们广泛地分布于中小城市，消费服务业是他们的热门选择 ①。

（四）技术进步将进一步促进新就业形态的发展

以平台经济为代表的新业态的发展在很大程度上依靠技术的进步发展和应用，技术的核心关键在于移动互联网技术，大部分的平台经济企业依靠智能手机上的一个 App（手机软件）就能将个人交易、金融支付、网络社交等连接在一起。目前，我国移动通信基站和 WLAN 网络热点净增数量成倍增长，为移动网络应用提供了坚实的基础设施支持；定位技术飞速发展、地理数据库不断完善，为移动互联网条件下所有基于地理位置的服务提供了良好的基础技术准备。基于此，即便是平台经济中小型企业也能以较低的成本获得信息技术和后台服务，这就更能促进新业态催生的新就业形态的发展。并且随着移动互联技术日新月异的成熟发展，未来新兴技术的发展将会引领平台经济等新业态朝着更新、更多、更广泛的领域演变，届时整个就业生态圈将产生革命性的变革。

---

① 机构报告称：自由职业者七成是"８５后"，新华网，http://news.xinhuanet.com/fortune/2015-12/23/c_1117559012.htm。

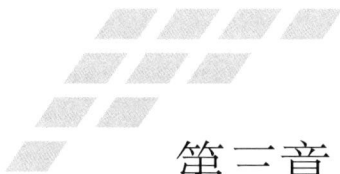

第三章

平台经济发展与劳动用工

在劳动力市场上，就业是基础，随之产生的就是企业的劳动用工，它是指用人单位和劳动者个人签订劳动合同，使劳动者成为用人单位的成员，在用人单位的管理下提供有偿劳动。目前在劳动用工方面，主要有两种性质的用工，即劳动用工和劳务用工。而随着平台经济的出现发展，新的就业形态的出现也催生了劳动形态（或称用工形式）的新变化，带来了平台企业与网约工的劳动关系问题。这实质上是如何协调保护平台经济从业者权益与保障平台经济持续发展之关系的问题。而在关于劳动用工形式方面，始终认为无论何种劳动／用工形式都无非是生产要素的组合，亦即"劳动力＋生产资料（劳动条件）"的组合。

基于此，本章在参考传统对新业态下平台企业经营模式的基础上，结合用工主体、供需主体、服务类型等因素，将新业态企业的经营模式大体分为平台自营、新型共享、加盟合作、多元混合四种类型，其对应的劳动关系类型分为类传统型、去传统型、弱传统型、多元化型四种。具体而言，类传统型用工形式的企业的经营模式主要为平台自营模式，平台企业为用工主体，用工形式包括直接雇佣、劳务派遣等比较传统的用工形式，章节中选取首汽约车、神州专车为代表进行案例分析。去传统型用工形式的企业经营模式主要为新型共享模式，用工形式为"平台＋个人"，这与"公司＋雇员"的传统企业用工形式不同，还选取猪八戒网作为代表进行案例分析。弱传统型用工形式的企业经营模式主要为加盟合作模式，其用工形式为"平台＋企业＋个人"，选取了"京东到家"为代表进行案例分析。多元化型用工形式的企业经营模式主要为多元混合模式，其用工关系形式多元化，更为复杂，选取了"滴滴出行"为代表进行案例分析。另外，根据多种用工形式的案例分析，总结了新业态企业劳动用工的新特点，如工作准入退出灵活、工作自由裁量权大、劳动所得主要由平台规则决定、劳动者的绩效考核由平台管理。

第一节　平台企业劳动用工形式分析

经济新业态催生了新的商业模式，即在网络环境中基于一定技术基础的商务运作方式和盈利模式。目前，对于平台经济的经营模式分类应用比较广泛的是从供求主体上将其区分为五种类型（详见表 3-1）：一是平台供需双方均为个人的 C2C 模式，代表企业如淘宝网、eBay；二是供求方是企业，需求方是个体的 B2C 模式，代表企业如亚马逊、京东商城；三是平台供需方均为企业的 B2B 模式，代表企业如阿里巴巴；四是供求方是个体，需求方是企业的 C2B 模式，如团购模式；五是以 B2C 为基础，B2B 为重点，将两个商务流程衔接起来形成的新的商务模式，简称 B2B2C，代表企业如淘宝商城（天猫）。

表 3-1　传统意义上的平台企业经营模式分类

经营模式	供求主体	代表企业
C2C 模式	平台供需双方均为个人	淘宝网、eBay
B2C 模式	供求方是企业，需求方是个体	亚马逊、京东商城
B2B 模式	平台供需方均为企业	阿里巴巴
C2B 模式	供求方是个体，需求方是企业	团购模式
B2B2C 模式	以 B2C 为基础，B2B 为重点，将两个商务流程衔接起来形成的新的商务模式	淘宝商城（天猫）

资料来源：作者整理。

该分类主要从供求主体角度进行分类，而忽略了企业用工的主体、用工形式等重要信息。因此，在参考上述分类的基础上，结合用工主体、供需主体、服务类型等因素，将平台企业的经营模式大体分为平台自营、新型共享、加盟合作、多元混合四种类型，其分别对应的劳动关系类型分为类传统型、去传统型、弱传统型、多元化型四种。当然，随着"互联网+"的发展，平台企业的业务也会随之发生变化，其经营模式和用工形式都会发生调整。

一、类传统型

类传统型企业是针对平台企业中类似传统型用工形式企业的劳动关系而言，其经营模式大多为类似于传统企业管理方式的平台自营型。在这种劳动关系的存续过程中，平台企业为用工主体，用工形式包括直接雇佣、劳务派遣等比较传统的用工形式。这类平台企业往往出于对服务质量的高度重视和对传统用工形式的信赖，一般会与从业人员建立劳动关系，也有的企业采取劳务派遣的方式用工，由派遣公司与从业人员签订合同。代表性企业如神州专车、首汽约车等。文中将采取案例剖析的研究方法，选取首汽约车、神州专车为代表进行分析。

案例一：以"首汽约车、神州专车"为代表的
类传统型劳动关系企业

首汽约车是平台自营模式中用工形式为传统型自有员工签订劳动合同的代表。它是指首约科技（北京）有限公司在传统的出租车公司上加载了线上服务的 App 专车服务，属于"首汽集团旗下产品"。"首汽约车"App 于 2015 年 9 月 16 日正式推出，与市面现有专车不同，首汽约车车辆全部为政府许可的出租运营车辆，挂有北京出租车特有的"京 B"牌照，司机持有从业许可证件，无须交份子钱，也无须管油和

维修①。2017 年 2 月 8 日，北京市政务服务中心向首汽约车颁发了网约车平台经营许可证，这是自 2016 年网约车新政颁布以来，北京市下发的首张网约车平台经营许可证。2017 年 5 月，首汽约车宣布成立"首汽约车品质出行学院"，面向社会招募个人加盟司机。加入首汽约车品质出行学院的司机必须获得《网络预约出租汽车驾驶员证》，车辆则必须获得《网络预约出租汽车运输证》②。首汽约车是互联网约车平台，平台与司机之间的劳动关系遵循传统的用工关系，司机与平台签订劳动合同，劳动关系稳定。

　　神州专车是平台自营模式中用工形式为劳务派遣的代表。它是国内领先的租车连锁企业神州租车联合第三方公司（优车科技）推出的互联网出行品牌。2015 年 1 月 28 日，神州专车在全国 60 个大城市同步上线，利用移动互联网及大数据技术为客户提供"随时随地，专人专车"的全新专车体验。神州专车采用"专业车辆，专业司机"的 B2C 运营模式，车辆均为来自神州租车有限公司的正规租赁车辆，并和专业的驾驶员服务公司合作，即其司机由劳务派遣公司负责招聘和管理，与劳务派遣公司签订劳动合同（这一点是与首汽约车最大的不同之处，但在用工形式方面均属于传统类型）。司机按月领取工资，并享受五险一金等待遇；神州专车对司机的招聘、考核、培训，包括给司机提供的福利待遇有专门的标准。在产品方面，神州专车具有价格优势、环境优势和安全保障优势。具体而言，价格优势方面，首乘免 50 元，充 100 送 20，多充多送，相当于每单打八折；环境优势方面，车辆均为中高档商务车型，一年内新车，车内洁净舒适，配有全国统一 Wi-Fi；专业司机，统一着装服务规范，有礼有节；安全保障优势方面，推出"五星安全"计划，将从司机保障、健康保障、技术保障、

---

① 北京试点官方专车，司机无需交份子钱 [N]. 网易，2015 年 9 月 16 日。
② 首汽约车开放社会车辆加盟，拥有"两证"为基本条件 [N]. 腾讯，2017 年 5 月 12 日。

隐私保障和先赔保障五大方面保障乘车人的安全。

资料来源：作者根据首汽约车、神州专车官网相关资料整理。

结合首汽约车、神州专车这两家代表性的企业特点，去审视类传统型这种用工形式，可以发现其优势在于以下几点。

首先，国家政策明确，政府管理便捷。类传统型企业是平台经济与传统型用工形式的结合，无论是劳动关系，还是薪酬制度、社会保障等方面，国家针对传统型的用工形式都有规范化的管理，在政策层面比较完善，管理也比较便捷。

其次，劳动关系明晰，社会保障完善。由于在类传统型企业中从业人员与企业之间遵循传统的用工关系，或与平台企业签订劳动关系，或与派遣公司签订劳动关系，劳动关系稳定，与劳动关系挂钩的社保关系也稳定，从业人员很少与平台企业之间发生由于劳动关系不明确、身份不明而导致的相关案件。

最后，避免违反专车运营相关管理办法。在经济新常态下，专车运营快速发展，为了让网约车进入"有法可依"的时代，2016 年交通运输部等七部门出台《网约车经营服务管理暂行办法》，各地方陆续出台实施细则。但面对私家车开展专车运营模式的管理办法一时间难以全面，所以经常可以看到各地政府约谈企业、查处专车的消息。而神州和首汽两家企业由于是传统用工形式，依靠自身的车队和司机队伍，在这一问题上得以很好的避免。

但随着新业态的发展，类传统型的用工形式还是有诸多可以改进的地方。

第一，用工的灵活性不够。由于是传统的用工模式，所以其员工需要正式签订劳动合同，或以劳务派遣的形式进行雇佣，这与新型的用工形式比较而言，阻碍了兼职劳动、非全日制用工等灵活就业形式的应用。

第二，减少了弱势群体的就业机会。由于此类用工形式传统，故而在学历、年龄、性别、户籍等方面都有所限制，而技能型的职业，如案例中的司机，在消除了户籍、学历等约束条件之后，能从事这项职业的低学历外地户籍的人会更多，这项职业能更好地吸纳就业，所以在某种程度上，传统型用工模式减少了弱势群体就业的机会。

二、去传统型

去传统型企业是针对平台企业中"平台＋个人"用工形式企业的劳动关系而言，其经营模式大多为新型共享模式。这种经营模式的企业是平台企业中利用互联网信息技术整合和分享闲置的劳动力、技能、生产资料等各种资源，以满足社会多元化的需求应运而生的。该种类型的企业突破了传统的用工模式缺乏灵活性的劣势，吸引了大量有闲置资源和时间的兼职人员来提供服务。"平台＋个人"的用工形式不同于传统企业的"公司＋雇员"，从业人员带着资产、工具、技术等加入平台，工作自主性较强，进入退出简单；平台通过设置一系列规则对从业人员进行管理，但在收入分配、绩效考核等方面与传统的企业管理形式有所不同。平台和个人之间突破了传统的从属关系，但接受平台规则的管控，没有明确的劳动关系，很多这一类型的企业将这种关系描述为合作伙伴关系。代表性的企业如人人快递、猪八戒网等。文中选取猪八戒网作为该类型的代表性企业进行深入剖析。

案例二：以"猪八戒网"为代表的去传统型企业

猪八戒网是创办于2005年的服务众包平台，服务交易品类涵盖创意设计、网站建设、网络营销、文案策划、生活服务等多种行业，有千万服务商为企业、公共机构和个人提供定制化的解决方案，将创意、智慧、技能转化为商业价值和社会价值。自从 2005 年创立至今，猪八戒网一直进行的是非标准化的服务买卖，而不是售卖标准化的商品。作为中国最早的专业技能共享经济平台，猪八戒网聚集了超过千万专业技能人才和机构。超过六百万家企业通过猪八戒网找专业人做专业事，购买标识设计、编程、知识产权、财税等全生命周期服务。2017 年开始，猪八戒网推出了主打专业品质服务交易的高端市场——天蓬网，更专业地满足 B 端企业或者政府的品质服务需求。

作为去传统型企业的代表，猪八戒网的用工形式采用"平台 + 个人"，个人带着专有的技术、知识、技能、资产、工具等以个人名义自主加入平台，个人和平台企业之间没有签订劳动合同，只是以合作伙伴的关系共同完成客户的需求任务，平台设置一系列规则进行管理。企业从传统的封闭模式到通过互联网平台形成灵活开放的业务形式与组织形式。如客户需要寻找一位合适的设计师，平台就成为需求方客户和设计师之间的载体，为其搭建桥梁，进行供求匹配，达到资源的最优化。客户提出需求，设计师提出创意、进行定位、负责设计、制订计划、进行服务。猪八戒网与其他平台不一样的地方还在于：第一，需求方无须付出佣金也能够公布其使命，即需求任务；第二，供给方实现了使命即完成了任务不但有佣金而且还可以领奖金。

其盈利模式主要在于以下几块[1]。第一，悬赏任务酬金提成：买家在发布需求时，需先将赏金完全托管到猪八戒网，再从服务商交稿中选出中标稿件，作者获得中标稿件 80% 的赏金作为佣金，猪八戒网收取赏金的 20% 作为平台服务费。这些盈利主要依托任务发布量、任务规模、中标率，交易额增加了，网站所获得的平台服务费自然就高。

---

[1] 猪八戒网经营模式剖析 [N]. 百度文库，2015 年 12 月.

这是猪八戒网的主要盈利模式。第二，赏金托管时的利润：由于任务发布者在发布任务之初就将酬金全额打到了网站服务商的账户上，这与任务中标达成交易的时间有一个时间差，网站可以获得这段时间的酬金利息，因此酬金利息也是网站的收入来源之一，类似于支付宝。这个利润也是主要取决于网站的交易额。第三，广告收入：广告可以说是所有电子商务网站的生存法宝。当网站达到一定规模，拥有一定数量的浏览量和用户，便有了为他人做推广宣传的基础。很多企业会找上门来，支付一定的广告费用，希望利用你的网站为他们做宣传。另外，部分品牌活动用设计比赛的形式进行推广，在比赛过程中网站也可以获得利润。这部分利润主要取决于网站的浏览量，浏览量上去了，广告收费自然就高了，这是毋庸置疑的。第四，其他增值业务：比如礼品定制等，可以获得利润；求置顶等收费增值服务。

作为孵化器的猪八戒网带来了大量就业机会，已形成一个能解决5000余人就业的员工队伍，有超过1300万人和专业机构在猪八戒网开店，超过15万家公司、100万家工作室从猪八戒网孵化出来。创造超过100万个VI、LOGO、App，超过100万人在猪八戒网实现就业，其中超过10万学子通过灵活就业在猪八戒网赚取了第一桶金。猪八戒网在2016年启动了服务商扶持计划，包括培训年收入超过5000万元的企业5家、超过1000万元的企业20家、超过500万元的企业100家、超过100万元的企业1000家、超过10万元的企业10000家，带来了大量的灵活就业机会。

资料来源：作者根据猪八戒官网、分享经济等相关资料整理。

由于这种新的用工形式是随着新业态的发展逐步发展起来的，与传统型的用工形式存在很大的差别，其优势在于以下三点：

第一，促进经济更自由地发展。共享模式在高度机械化、纪律化、标准化的社会化大生产之外，给了供给者和需求者双方更加自由选择、更自由供给、更个性定制的可能性，从而在一定程度上使得共享经济具有了"自由人"的联合意味。有助于双方跨越信用缺失障碍，更自由地达成交易。

第二，带动大量灵活就业。共享模式使得大量灵活就业人员更自由地进入或退出社会生产，有助于缓解人的"异化"问题，打破阶层之间的固化，有助于推动不合理制度的优化。

第三，促进了整体经济效益的提升。由于平台的存在，有效解决了供需双方信息不对称的问题，有效降低了交易成本，对各生产要素进行了重新组合。另外，由于共享模式独有的"闲置资源、闲置时间"模式，决定了其生产要素机会成本较低，所要求的回报率也相对较低，具有天然的优势。

当然，作为一种新型的经营模式和用工形式，其存在有其必然性，但同时也对政府、企业等监管提出挑战。

第一，劳动者由于以个人形式与企业建立联系，不同于传统意义上的劳动关系，对于这部分劳动者的基本权益保障方面，政策还比较缺失，缺乏"安全网"的保障。

第二，大数据壁垒可能导致新的行业垄断。因为从共享模式自身特点看，其具备扩大规模、加速整合的天然基因，其规模效应明显，参与者越多，价值越大，进而也能吸引更多参与者；平台连接着供需双方，也具有"双边市场效应"，供给多了，需求就会被吸引过来，反过来，需求增加也会带动供给，这样就容易出现"一家独大"的现象。容易造成与传统企业之间的不公平竞争，容易引发社会冲突，造成社会不稳定。

第三，从劳动关系认定的三要素（主体适格、合意、从属性）中的核心要素（合意、从属性）来看，去传统型用工形式中从业人员与平台企业双方除了明确表示不属于劳动关系外，是否存在默示的劳动关系合意则难以判断，不排除在日后发生劳动争议后被认定为劳动关系的可能性；另外，从属性变动大，由于从业人员工作时间和地点灵活，是否提供服务的自我选择性强，也没有固定的薪酬保障，虽然在劳动期间接受平台的管理，但是从属关系可以若即若离。给政府监管带来很大的挑战。

当然，课题组对新型共享经济的成长持乐观包容的态度，目前政府也正在积极根据各行业特点，针对其用工新特点，积极调研，紧急制动，相信这些"成长的烦恼"将会在共享模式的进一步成长中逐步得到解决，政府完善监管，明确各方利益主体的权利义务界限，减少由于行业技术特点容易造成的垄断等风险。

三、弱传统型

弱传统型企业是针对平台企业中"平台＋企业＋个人"用工形式企业的劳动关系而言，其经营模式大多为加盟合作模式。该种经营模式属于第三方企业加盟合作的模式。由于平台具有开放性和产业融合性，在互联网的基础上，能够更大范围内集聚和整合行业资源，即平台吸纳大量的第三方小微企业参与，形成平台规模集聚效应。这种以第三方企业加盟合作的模式，是以轻资产模式运营，能够各自发挥优势，迅速开拓市场。

之所以称其为"弱传统型"，主要针对平台与个人之间的关系而言。在弱传统型企业中，企业的用工形式为"平台＋企业＋个人"，平台本身并不是用工主体，在很大程度上只是发挥信息中介的作用，而加盟合作的企业才是用工主体。一般而言，加盟企业有传统的实体企业，如天猫商城；也有小型的平台企业，如京东到家平台上的e袋洗是由原先的荣昌洗衣企业搭建O2O平台，实现线上线下融合。加盟企业的用工一般倾向于传统的用工形式，如建立劳动关系的用工、派遣用工等，如天猫商城中的加盟店的用工、京东到家的e袋洗平台的用工等，一般采取直接招聘，"底薪＋提成"的收入构成的管理形式。代表企业如天猫商城、京东到家等。下面选取京东到家作为代表性企业进行深入剖析。

案例三：以"京东到家"为代表的弱传统型企业

京东到家是京东集团于 2015 年重点打造的 O2O 生活服务平台，是基于传统 B2C 业务模式向更高频次商品服务领域延伸发展出的全新商业模式，是传统商业模式向高频领域的重要提升。它基于京东物流体系和物流管理优势，同时在共享经济的推动下依托"互联网＋"技术，大力发展"众包物流"，整合各类 O2O 生活类目，向消费者提供生鲜及超市产品的配送，并基于 LBS 定位实现 2 小时内快速送达，打造生活服务一体化应用平台。京东到家提供几类到家服务，分别是超市到家、外卖到家、品质生活、上门服务和健康到家等，已覆盖包括北京、上海、广州、深圳、南京、天津、武汉、宁波、成都、西安、重庆等一、二线城市。

以京东到家的上门服务为例进行重点分析。其采取的是与其他细分领域的生活服务平台企业合作的方式，即这些细分平台企业加盟的模式。如洗衣服务方面，与 e 袋洗、泰笛洗涤、多洗等洗衣平台合作，提供专门的上门洗衣服务；又如美容服务业方面，与容么么、魔魔达等按摩美容业平台企业合作，提供上门的按摩美容服务；如家政服务业方面，与云家政、来人到家、管家帮等家政服务平台合作，提供上门家政服务；家电服务业方面，与轻松家电、卡拉丁等家电或汽车服务平台合作，提供上门维修或汽车服务。这些加盟企业都是加盟合作模式"平台＋企业＋个人"模式中的第二个词"企业"，京东到家作为模式中的第一个词"平台"，提供的是信息中介的作用，本身不是用工主体，这类加盟合作模式企业的用工形式和关系需要根据加盟平台企业的用工性质去具体判断。

具体到用工形式而言，加盟企业大多倾向于传统的用工形式，如京东到家平台上的 e 袋洗是由原先的荣昌洗衣企业搭建 O2O 平台，实现线

上线下融合，其用工形式为传统型的用工；又如京东到家平台上的轻松
家电① 整合传统的格力、海尔等传统家电企业的售后服务人员，采用直接
招聘、"底薪 + 提成"的收入构成等倾向于传统企业的用工管理形式。

资料来源：作者根据京东到家官网及百度百科等相关资料整理。

弱传统型用工形式是加盟合作模式在用工形式方面的典型特点，这种
介于传统和新兴用工形式之间的用工，把传统商业模式向高频领域进行重
要提升，其优势主要体现在以下两点：

第一，行业内资源整合，信息互通，避免资源重复建设、低效浪费。
该种模式有效利用平台天然的开放性和产业融合性，能够基于互联网等现
代信息技术在更大范围内集聚和整合行业资源，形成规模效应，企业以轻
资产模式运行，有利于其迅速开拓市场。

第二，不同层级企业的权责利明晰，用工方式传统简单，便于管理。
在加盟合作模式中，大型平台企业由于其资源渠道广泛，成为一个信息集
散地，主要负责信息的中介服务，而加盟企业根据自身优势，提供针对性
的服务，其为真正的用工主体，对其员工进行管理。不同层级的企业之间
分工明确，根据事先签订的盈利模式进行利润分配。

当然，作为新生事物，其"成长的烦恼"不可避免，这种用工形式或
者说经营模式也有需要跟进完善的地方：

第一，服务质量仍需把控，需要加强对员工的管理，对其行为进行规
范。这种众包模式解决了最后一公里的配送问题，但是仍需加强对配送员
的管理。众包配送员多为加盟企业的员工，平台和其之间没有劳动关系，
想要保证配送员的服务质量，平台应该设立健全的管理制度来对其行为进
行规范，设立评价机制并根据其服务质量实施奖惩。

---

① 杜暮雨 . 轻松家电获 5000 万元 A+ 轮融资，欲做智能家居体验 + 家电租赁入口 [N]，2016 年
1 月，http://36kr.com/p/5042249.html。

第二，从业人员没有适合的申诉渠道。由于从业人员是和加盟企业之间签订的劳动关系，和平台企业之间只是信息合作关系，而一旦在给平台企业付出劳动期间，其基本权益受到侵害，申述的渠道很有限，目前常规的渠道仅为客服、App 等线上渠道，相对于传统企业面对面的沟通交流，这种沟通渠道单一，不具有人性化的色彩。

四、多元化型

多元化型企业是针对平台企业中多元混合模式企业的劳动关系而言，该种经营模式的企业为多种模式的混合体。由于有的平台企业涉及的行业多、市场规模和覆盖范围较大，因此一种经营模式并不能满足其需求，而通常是多种经营模式混合使用。如有的餐饮外卖企业同时运用了平台自营模式、新型共享模式和加盟合作模式，如饿了么这个快餐外卖订餐平台企业，就是典型的这三种模式同时运用的例子。首先，其有自己自营的配送团队，是作为配送团队中的核心力量，主要由企业自己招聘，签订劳动关系，这样保证了用餐平峰期有足够的配送人员去完成订单，这属于"平台自营模式"；其次，设立了"蜂鸟众包"服务，吸纳了大量兼职人员，打造了即时配送物流形态，在这里人人都能成为配送员，兼职配送，单多、路短、收入高，这属于"新型共享模式"；再次，"饿了么"企业还通过招募配送加盟商的方式吸纳第三方快递公司或是个人成立配送加盟团队，为平台上的餐厅提供外卖配送服务。该平台上的加盟企业多为小微企业甚至是自然人个体，加盟企业缴纳加盟费后自负盈亏，平台则提供加盟商补贴、技术支持与培训以及配送相关物资（保温箱、工作服等），这属于"加盟合作模式"。由于多元混合模式涉及的模式多样，因此用工关系更加复杂，兼有了上述三种模式的用工形式的特点，因此其劳动关系成为"多元化型"劳动关系。其代表性企业还有滴滴出行等。

本书选取滴滴出行作为其代表性企业进行深入剖析。

案例四：以"滴滴出行"为代表的多元化型企业

　　滴滴出行是涵盖出租车、专车、快车、顺风车、代驾及大巴等多项业务在内的一站式出行平台，2015年9月9日由"滴滴打车"更名而来。"滴滴出行"改变了传统打车方式，建立培养出大移动互联网时代下引领的用户现代化出行方式。相比传统电话召车与路边扬招来说，滴滴打车的诞生更是改变了传统打车市场格局，颠覆了路边拦车概念，利用移动互联网特点，将线上与线下相融合，从打车初始阶段到下车使用线上支付车费，划出一个乘客与司机紧密相连的O2O完美闭环，最大限度优化乘客打车体验，改变传统出租车司机等客方式，让司机师傅根据乘客目的地按意愿"接单"，节约司机与乘客沟通成本，降低空驶率，最大化节省司乘双方的资源与时间。

　　据滴滴政策研究院的数据显示，2016年底，滴滴出行平台上已有超过4亿注册用户，超过2000万／日订单，超过1750万名司机。其中不乏下岗工人、退役军人及艰苦创业者，他们中既有弱势群体和底层劳动者，例如，有超过186万的女性群体在平台上实现就业；还有本职工作收入很低或者处于失业状态的群体，他们通过提供出行服务在平台上找到了专职或兼职工作，通过灵活就业的方式获得了收入，改善了生活状况。

　　由于滴滴出行涉及多项业务，各项业务的经营模式和用工形式也各有其特点，涉及主体多元复杂，故根据其用工形式将其归为"多元混合式"。下文将根据其涉及的出租车、专车、快车、顺风车、代驾及大巴等多项业务及其用工形式进行分析。

　　（1）平台自营模式。滴滴专车业务在发展初期，租赁其他公司的车辆，自行培训考核司机，实行的是平台自营模式，这主要是基于当时政策，随着经济的发展，滴滴出行的这种模式的运用逐渐减少。2017 年 2 月，据滴滴出行升级组织架构，并成立品质出行事业群。滴滴豪华车作为品质出行事业群的重要业务，先期在滴滴专车入口试运营。据滴滴介绍，豪华车是滴滴出行基于"打造五星级出行服务品牌"理念而推出的全新业务，主力车型选用一线豪华品牌中高端轿车。车内环境与设施参考五星级酒店和航空头等舱标准精心设计。由取得"司务员"称号的职业司机为宾客提供服务。该"司务员"为滴滴出行公司签订劳动合同的正式员工，公司为其缴纳社会保险。

（2）加盟合作式。滴滴出行中的出租车业务主要是吸纳传统出租车公司加盟，通过滴滴出行的平台客户端给出租车司机提供用户出行信息，但出租车公司是这些司机的用工主体，和其签订劳动关系，属于传统的用工形式。

（3）新型共享式。滴滴出行中顺风车和快车业务，主要是利用社会上的闲置车辆，吸引社会上的兼职人员在其空闲时间提供出行服务。此类经营模式的用工主体为滴滴顺风车和滴滴快车，但是公司和司机之间没有签订劳动合同，滴滴方认为其和司机之间的关系为合作伙伴关系。

（4）多元混合模式。滴滴专车这一项业务就将多元混合模式的特征体现得淋漓尽致，如目前其占主流的是由线上注册的快车车主升级而来的私家车提供专车服务，但也有传统出租公司加盟合作的专车服务，同时还有从第三方租赁公司租借车辆以及与劳务公司签订协议的司机而提供的类似自营模式的专车业务。用工关系更为复杂。

资料来源：作者根据滴滴出行官网及百度百科等相关资料整理。

像案例分析中的滴滴出行这种多元化型的企业在新业态（平台经济）的发展趋势中处于主流地位，随着分享经济、平台经济的发展，很难区分出一个企业是单纯属于哪一种模式、哪一种用工形式，很多属于多种模式多元混合发展的状态。总结多元混合型企业的优势有以下两点：

第一，为劳动者提供更加平等、自由、灵活的就业机会。特别是为弱势群体和底层劳动者，如下岗工人、退役军人及艰苦创业者等提供就业机会，还提高了本职工作收入很低者的收入，有助于其改善生活状态。

第二，有利于企业根据特殊需要和业务重点，自由选择采用不同的组织结构，选择更符合其发展理念的经营模式和用工形式，灵活机动，减少资源的闲置，更容易实现资源的最优化配置，且可以根据外部环境和业务活动的变化及时进行调整，符合政府提倡的"百花齐放都是春"的理念。

当然，随着经济社会的发展，其也有需要不断完善改进的地方：

第一，用工形式比较复杂，用工主体和从业人员之间的权利责任界限难以完全厘清，在规则不明、界限不清的情况下，如果发生纠纷，则无规则可遵循，对较弱势的从业人员一方而言，其基本权益可能会受到侵害。

第二，企业内部的组织结构不规范，容易造成管理上的混乱；另外，所设各部门之间差异很大，不利于协调与合作，也不利于在全球树立完整的公司形象。

第二节 平台企业劳动用工的新特点

通过上文中对不同企业不同用工形式的划分分析，可以发现新业态下平台企业利用 App 等线上方式，通过大数据、地理位置定位技术等进行工作管理，在准入退出机制、任务发放、收入报酬及分配、绩效考核等方面呈现出与传统企业用工管理方式明显不同的特点。具体表现在以下几个方面。

一、工作准入退出灵活

在新业态下平台企业中的新型用工形式下，企业的准入条件和退出机制都较灵活。除了比较高端的服务行业需要较为严格的资质审查以外，一般的行业都仅设置简单的准入条件，在网上注册签订服务协议即可从事相关工作。以滴滴出行为例，一般新加入滴滴平台的司机都从快车开始，注册时只需符合所在城市的准入条件，提交所在城市、车牌号、汽车品牌、司机个人信息，并将驾驶证和行驶本等证件牌照上传，在线学习和简单线上考核，平台审核通过即可激活账户提供服务。而服务要求较高的是平台上的专车服务，它要求在滴滴快车的基础上，依据完成订单数、投诉数、指派成交率、服务星级数以及车辆情况等条件，并经过线下补齐资料和考核考试逐步升级为专车。在退出机制上，新型用工企业更加灵活自由。仍以滴滴出行为例，滴滴司机在滴滴出行的平台上只要在劳动过程中没有违背一般性的原则，都具有较大的退出自由选择权，可以随时接单工作和离开平台。

二、工作自由裁量权大

工作的自由裁量权大，主要体现在从业人员的工作时间自由、工作地点灵活和任务选择自主权三个方面。

从工作时间来看，新型用工形式企业的从业人员工作时间弹性自由，并且呈现工作闲暇一体化的特点。如滴滴平台上的专快车司机，多数司机在线时长为每周 14 个小时以内，主要分布在早晚高峰，在其他时间段则回归到私家车状态。从服务时间来看，上午 8：00—11：00 和晚上 17：00—21：00 是专快车司机在线时间的高峰，与上下班高峰时间重合；11：00—16：00，在线司机的人数一般保持稳定；23：00—7：00，在线人数则非常少，这对缓解特大城市、大城市高峰时段打车难的问题作用巨大。早晚高峰时间段，本应该是这些兼职司机闲暇的时间，但由于滴滴专快车工作时间的灵活性，模糊了工作和闲暇的区别。

从工作地点来看，有别于传统型企业集中式的工作场所，新业态企业利用 App 等线上方式，通过大数据、地理位置定位技术等，进行分片式管理，以及时满足不同区域的在线服务需求，所以从业人员的工作地点相对分散灵活。如滴滴顺风车司机的工作地点呈现多点状集中分布，主要围绕家庭居住地迁移与工作单位分布的特征，实现了生活、工作、出行、兼职工作为一体的特征。

从任务选择的自由权来看，不同用工形式下的从业人员的自由权还不一样。如餐饮外卖行业，对于其直接雇佣的配送员采用就近派单模式，并建立了对拒接单行为的扣分机制，如果在规定期限内订单完成量太低，配送员可能会面临被辞退的风险；对于众包服务配送员，采用抢单模式，尽管平台设置了订单奖励补贴鼓励配送员提高订单完成量，但众包配送员的任务选择自由权更大。

三、劳动所得主要由平台规则决定

在传统型的企业中，从业人员的薪酬制度一般按月发放，根据市场平均工资水平、企业利润等因素决定。但在新业态企业中，从业人员的薪酬制度一般由强势方平台企业制定规则，实行实时撮合交易，需求者向服务提供者直接支付费用，并且该费用综合了服务提供者的服务频次、在线时长等方面因素综合计算，平台按比例收取信息费和管理费。但薪酬制度的规则不是一成不变的，会根据平台企业的市场发展情况、业务扩张的需求情况进行动态调整，这个调整的情况直接影响到从业人员的收入状况。据滴滴政策研究院的资料显示，滴滴对于专快车司机的车费计算方法主要实行云价格管理。该算法根据车型、里程、等候时间、当前区域用车需求、额外奖励、夜间费等进行综合计算。所乘车型决定了行程的起步价和里程费率，车辆档次越高，起步价和里程费率也越高，不同城市的起步费和里程费也有一定差异。司机完成每一单的收入由乘客依据平台计价规则计算的费用直接支付给司机，司机在每周规定的时间内可以提现至注册时的银行卡。随着滴滴出行的发展，2016 年 8 月，滴滴出行对原先的专车司机分账规则进行调整，调整后，滴滴出行取消之前对司机端收取的每单 20% 的抽成，开始实行司机和乘客双向计价规则[1]，每单收取 0.5 元的信息费和 1.77% 的管理费。这种薪酬制度的改革直接影响到专车司机的收入。

四、劳动者的绩效考核由平台管理

由于新型企业中的从业人员多为社会资源，劳动关系"非正规化""弱关系化"和"去关系化"特征明显，甚至有的是基于网络存在的"陌生人

---

[1] 例如，乘客端：每公里 1.8 元，时长费每分钟 0.5 元，超过 12 公里回程费是 0.8 元；司机端：每公里 1.44 元，时长费每分钟 0.35 元，超过 12 公里回程费 0.64 元，通过司机和乘客端的差价进行收入分配。

社会"关系，通过建立平台声誉信任机制来实现供需双方的匹配满意。为了满足该种特征下的管理，平台企业设置了一系列精细化的考核奖励规则来约束平台上的从业人员，在绩效考核方面呈现实时化、精细化的特点。即从业人员完成的每个订单的服务评价和相应的绩效考核直接影响其收入报酬和任务分配。这一点在上个章节对新业态新型企业薪酬制度分析的时候，就可窥见一斑。如 2016 年 8 月滴滴专车调整出台的对司机评分制度，对所有专车司机设置 12 分初始分，每个季度还原一次，同时制定了详细的扣分对照表，具体包括多收费、绕路等专车服务标准的各方面。专车司机在完成专车订单后，如果收到投诉或负面标签，将按照相应分值进行扣分[1]。扣分直接影响司机的接单情况和奖励补贴。

---

[1]　司机在 24 小时内因为同一原因被投诉多次，只扣 1 次分；同一订单乘客因为多个原因投诉司机，只计扣分最高的 1 次投诉；司机只有接专车单收到投诉，才会被扣分，快车单不扣分。

第四章

平台经济下的就业、劳动用工相关问题

　　新业态下平台企业创新了经营模式，其企业定位、组织方式、员工关系等都需要进行全方位有别于传统型企业的调整，并且在带动就业方面，也是带来了正反两个方面的影响，这必然在就业、劳动用工领域引发新的问题，带来新的挑战。

　　本章主要在前文分析以及实地调研的基础上，深入分析目前平台经济在就业、劳动用工方面存在的问题及挑战。在就业方面的问题和挑战：第一，缺乏官方的统一定义，统计边界范畴不清；第二，平台企业发展存隐忧，从业者职业缺乏持续性；第三，人力资本支撑不足，技能结构矛盾突出；第四，职业碎片化趋势明显，就业质量有待提高；第五，现有利益格局和体制结构对新就业形态发展形成障碍；第六，难以享受基本权益，社会保障存在困扰。在劳动用工方面的问题和挑战是：第一，各活动主体间的权责关系确定困难；第二，新业态企业缺乏沟通协商机制与民主参与制度；第三，对传统劳动关系认定标准提出挑战；第四，新业态发展对政府监管提出新的挑战；第五，新业态企业与劳动者关系灵活化和多样化趋势提出的挑战。

第一节　平台经济下就业相关问题

一、缺乏官方的统一定义，统计边界范畴不清

正如前文分析所述，对于平台经济的官方定义、边界界定、涵盖范畴、统计口径、统计渠道等，目前尚未出台相关规定，都还处于模糊地带。研究领域走在前列，对其研究已有十多年，备受关注还是近两年的事情，也尚未形成明确的统一定义，只是有业界大致的共识。另外，具体到工作层面，从课题组召开的全国就业处长会议的情况来看，大部分业务部门的负责人都认为其定义不明确，对其具体存在的形态不是很清楚，从其最基础的统计工作，到监管工作都存在模糊地带，给其工作造成一定的影响。从课题组到地方调研的情况来看，很多地区仅仅把电子商务作为新业态发展的形式，而认为其他新业态形式很难进行划分归类，也很难进行统计监管。

二、平台企业发展存隐忧，从业者职业缺乏持续性

以平台经济为代表的新业态的最大优点就是灵活性，而其相应弊端就是不确定、不稳定。比较突出的问题就是由于平台经济的发展处于发展的初期阶段，存在隐忧，导致从业人员的职业缺乏可持续性。通过课题组走访调研的部分平台企业的发展状况可知，很多平台企业是为了适应新业态经济和新技术经济不得不发生的转型，当然也有新创立的平台企业，大部分企业处于发展初期，平台企业的业务发展和日常运营主要依靠风险投资，尚没有找到成熟的商业模式和盈利路径，一旦投资中断，难逃倒闭的

厄运。此外，这些处于发展初期的平台企业其产品和服务的安全性、质量保障体系、用户数据保护等方面仍存在风险隐患，任何一个方面出现问题，都可能引发公关危机和法律纠纷，对平台企业持续运营造成不利影响，进而影响依托平台生存的就业者。由于这些平台经济从业人员的职业存在不稳定性，一些研究学者将其归为平台经济下的"不稳定生产者"，这和美国、欧盟等国（经济体）所说的"零工经济从业者"不谋而合。从本质上看，他们是一群无依无靠的失业者，仅依赖打零工或临时合同在维持生计，其基本权益也无法保障，失去了权利的工人只能不断寻找下一份计件工作。对于在这种状态下的平台从业人员，有一半的从业人员感到焦虑，希望获得一份稳定的全职工作，即便是收入再高的不稳定工作，他们也还是愿意选择收入稳定的固定单位。

三、人力资本支撑不足，技能结构矛盾突出

以平台经济为代表的新业态的发展具有行业创新性、人才专业化程度高的特点，除了能够解决部分群体的就业以外，更迫切需要大量高素质的人才为整个行业产业的发展提供足够的人力资本的支撑。也就是说，人力资本技能发展的水平从根本上决定了新业态经济发展的程度水平。目前，我国平台经济就业仍然集中在电子商务、物流、移动出行、餐饮外卖、家政服务等传统服务行业，而真正在知识、技能、创新等领域的从业人员不多。这主要是由于我国平台经济从业者总体上存在教育程度和技能水平的局限，而与技术发展密切相关的新业态的发展，需要继续发展就需要劳动者具备一定的新知识和新技能，而我国人力资本支撑不足，技能结构矛盾突出正是阻碍其发展的难点问题之一。

四、职业碎片化趋势明显，就业质量有待提高

平台经济就业使得职业呈碎片化趋势，工作与生活界限模糊。据国际

劳工组织和我国的数据显示，目前自谋职业、短期合同类工作、季节性和非全日制工作等非正规化就业在职场中所占比例越来越大，并且未来会越来越大。这些新就业形态虽然解决了部分群体的就业问题，但是现实状态是其工作与生活之间的界限越来越模糊，其实从某种程度上而言，这就意味着超时工作，这与许多企业推崇的推动员工的工作生活平衡是相违背的。

另外，从平台就业人员的就业质量来看，也是令人担忧的一个方面。在工作收入方面，目前移动出行和餐饮外卖平台从业人员收入水平并不高。据 2018 年滴滴出行平台大数据及各地政府网站的数据显示，2018 年全国网约车司机平均月收入为 2522 元。分城市类型来看，一线城市平均月收入为 5176 元；二线城市平均月收入为 2133 元；三线城市平均月收入为 1130 元；四线城市平均月收入为 1033 元。从工作时间来看，从业人员的工作时间长度和其劳动收入成正比，所以有很大一部分从业人员出于对报酬的追逐从事长时间的劳动。如餐饮外卖行业，据美团外卖郑州地区的一名全职送餐员杜金阳[1]介绍，其作为全职"骑手"，每天要工作 13 个小时以上，送餐高峰期一次接六七个单子是常有的事，长时间下来，身体实在吃不消。最近因为身体原因打了离职报告转成了兼职。虽然国内餐饮外卖平台在经历了粗放式生长后，目前正逐渐回归理性，但是对于从业人员在提高就业质量方面的诉求，如正式员工的保障、合理的休息时间和有尊严的对待等，都是亟待研究解决的问题。

五、现有利益格局和体制结构对新就业形态发展形成障碍

劳动者就业形式的变化，实质上反映的是就业资源机会及其配置机制等条件的变化。从我国和世界非正规就业发展历程来看，每一次非正规就

---

[1] 外卖送餐员 1 天工作 13 小时 长时间工作的危害，飞华新闻，2017 年 1 月 4 日。

业的快速发展，都伴随着制度改革或技术变革对原有就业资源的"解放"，对既有社会关系和利益格局的深刻调整。新就业形态的发展，或者说新的技术、经济的发展必然首先受到现存利益和体制结构的约束。基于不同商业环境、政策背景、各行业原有从业者利益等因素的考虑，管理部门不可能完全放弃旧有商业模式转而支持新兴的共享经济商业模式。美国前副总统阿尔·戈尔在他的《未来改变全球的六大驱动力》一书中指出："智能机器人逐渐替代工人，这是否会使结构性失业加剧？或者，我们能否找到方法去获得新的工作机会，并对那些下岗员工做出足够补偿？需要做的工作不少，但是企业的垄断和市场对于民主的蚕食让建立新就业机会的提议和意愿受到了损害，这些新就业机会本可以创造更多公共物品，包括教育、环境保护、生理健康和心理健康、家庭服务、社区建设以及其他需要应对的挑战。"在这个过程中，新形态的问题通常会成为反对者的论据和利器。而行业和群体利益团体矛盾冲突，容易引发社会不稳定因素。其中，很典型的例子是关于网络约车的问题。网络约车服务打破了出租车行业的垄断，迫使出租车行业进行变革。但顶层改革与地方探索之间尚未形成良性互动，出租车与专车的矛盾在短期内未得到有效解决。交通运输部相关负责人曾表示，允许具有运营资质的租赁车辆利用互联网平台从事专车运营，但具体到全国各城市其执行情况并不相同。例如，北京反对私家车、租赁车辆利用网络平台从事专车运营，指出其涉嫌非法运营、逃漏税、违规发垃圾短信、垃圾广告等，联合八部门约谈专车企业，要求其整改。广州对私家车从事专车运营进行严查，对租赁车辆专车业务允许运营等。上海交通委对符合条件的专车平台颁发了网络约租车平台经营资格许可。

六、难以享受基本权益，社会保障存在困扰

平台经济就业的职业碎片化特征使得其很难与全职固定岗位的员工一

样享受匹配的基本权益保障，这就给平台经济下的企业的社保模式提出挑战。通过调研走访，我们发现，新业态从业人员在社保方面的困扰主要在于以下四个方面：

第一，由于从业人员收入的不稳定性，职业缺乏可持续性，工作生活界限模糊，导致其缺乏对工作和生活的理性安排，参加社会保障体系的意愿和能力不足，有的人员即便是参加了养老保险，但是由于收入的不稳定性影响了其持续缴费能力。如据劳动科学研究所课题组[①]对外卖配送员的收入调查显示，外卖配送员月工资收入一般为5183元，全职配送员工资略高，为5494元，兼职配送员工资为2686元。其中，全职配送员工资收入在4000—6000元的占比63.5%，6000—8000元的仅占27.7%。

第二，户籍限制加大了以灵活就业参保的难度。由于目前我国社会保险制度的设计与劳动关系相挂钩，这就涉及从业人员以何种身份参保的问题。就目前新业态从业人员参保的困境来看，地方养老保险政策对灵活就业人员参保有户籍地的限制，即均要有当地户籍才能以灵活就业人员的身份参保，这是劳动力输入省份为防止道德风险制定的，但也成为非本地户籍新业态从业人员参保的主要障碍。

第三，工伤保险需求量大但责任认定难。由于平台企业多集中于服务业领域，如快递业、移动出行等领域，其在工作过程中的安全状况不容忽视，这就自然增加了对工伤保险的需求。目前我国工伤保险设计是以传统的、规范的单位用工模式设计，而平台企业中大多为新型的用工形式，如"弱劳动关系""去劳动关系"等形式的用工，这与工伤保险制度设计有诸多的不适应。如参保前提、缴费主体、支付责任、取证认定等方面。

第四，对完善经办服务方面提出的挑战。目前社会保险经办服务体系仍然比较传统，更适应正规就业者参保，而与新业态从业人员的工作方式

---

① 赵碧倩，阴漫雪．本地生活服务O2O行业劳动用工现状[C].中国劳动保障发展报告（2017）：294-305，北京：社会科学文献出版社．

弹性化、劳动关系多样化、流动性高、收入不稳定等特点不相匹配。这就给平台企业从业人员参保造成了一定的障碍，影响了其参保的积极性和主动性，这也是新业态发展下给社保经办工作提出的挑战。以工伤保险为例，首先是经办机构面临着大量以个人身份办理业务的人员，大大加大了经办的工作量；其次，工伤保险经办规程要有个人参保、缴费、工伤申报、劳动能力鉴定、待遇给付的全流程的对应；再次，要有适应新业态从业人员的更加便捷灵活的经办方式和手段；最后，要有更加完善的基金监管手段，防止基金欺诈。

第二节　平台经济下劳动用工相关问题和挑战

一、各活动主体间的权责关系确定困难

在新业态下，关于各活动主体间的权责关系尚无明确的界定，责权利不清晰，一旦发生纠纷，容易涉及消费者、劳动者的权益保障问题。这主要是因为基于平台强大的聚合功能，活动主体多元化，主体间的关系更加复杂化。如加盟合作模式中的"平台＋企业＋个人"用工形式中的活动主体就涉及平台企业、平台企业员工、加盟经营企业、加盟经营企业员工以及服务接受者五个方面的活动主体；新型共享模式中的"平台＋个人"用工形式中就涉及平台企业、平台企业员工、平台从业人员以及服务接受者四个方面的活动主体。但针对这些复杂化主体的权责关系又没有理顺，如平台与其从业人员之间，劳动关系"非正规化""弱关系化"和"去关系化"特征明显，甚至有的是基于网络存在的"陌生人社会"关系，这些关系之间的权责关系确定困难，从而影响从业人员在工作时间、报酬、社会保障和其他劳动权益保护方面的基本权益。

案例：以"斗米优聘"为代表的就业信息
服务平台明确权责关系的案例

一、斗米简介

"斗米优聘"公司孵化于58赶集集团，并于2015年底从58赶集集团分拆出来，成为集团旗下的独立子公司。公司品牌名"斗米"寓

意"斗米成仓、斗米之恩"，表达重视积累、珍惜感恩的做事态度。在成立一年半后，斗米已获得 A、B 两轮融资，每轮融资金额高达 4000 万美元，两轮共计 8000 万美元[1]。依托 58 赶集强大的流量支持，在不补贴用户与商家的情况下，斗米上线 4 个月就成为兼职子行业第一平台。无论从商家数量、线上交易流水，还是 C 端累计用户量及日活（每天活跃用户量）等多个维度，都拉开与第二名 10 倍以上的差距。截至 2017 年 5 月，斗米平台服务过的企业商户数量累计达 90 万，其中不乏各行各业知名企业；截至 2017 年 3 月，斗米平台的月度访问用户量超过 2000 万，月度访问 PV（访问人次）接近 2 亿；2016 年全年收入超过 5000 万元（净服务费）。

斗米致力于打造灵活用工第一人才共享平台——为几亿人提供有保障的自由工作机会，成为灵活就业者与灵活用工企业的一站式服务平台。斗米以 O2O 平台模式进入灵活就业服务市场，既是对 58 赶集信息展示模式的深化与创新，又是对传统线下服务模式的延伸与创新——斗米平台不仅提供信息展示还保证信息的真实可靠；不仅提供招聘服务，还承接线下执行服务，并将招聘延伸至线上。而这一模式最大的创新之处则体现于 O2O 新闭环与大流量打造。

二、就业信息服务业遇到的困难

我国在就业信息服务方面，传统的主要有职业中介、人才招聘市场、大众传媒招聘广告、熟人介绍等，比较新兴的线上形式主要有 QQ 群、分类信息网站等。但就业渠道的分散性使得灵活就业者和企业都缺乏一个集中的信息入口，导致前者找工作难，后者招聘难。

此外，随着互联网平台企业的兴起，就业信息服务业的线上服务大量涌现，但几乎所有的互联网招聘平台都面临着一个共同问题，就

---

[1]　A 轮投资方主要为 58 赶集集团、高榕资本和蓝湖资本，B 轮投资方包括高瓴资本、腾讯、百度和新希望集团，A 轮投资方高榕资本和蓝湖资本跟投。

是虚假信息泛滥。一方面，求职者难以通过现有渠道获取有关岗位与用工方信用度的充分信息，非常担心信息的可靠性、就职过程的安全性以及薪资发放的保障性等问题。另一方面，用工方也难以获取求职者真实的职业经历、能力、技能与信誉等方面的充分信息，也会担心求职者的合格性与诚信度（如临时"放鸽子"）、劳动质量的可控性、用工过程的管理便捷性等问题[①]。

再则，从劳动者基本权益方面来看，由于在平台上找工作者多属于弱势群体，一旦发生因为信息不对称导致的线上线下黑灰中介欺骗就业者的现象，就业者相应的权益就难以得到保障。如一些中介公司事先收费或乱收费，收费后不提供就业岗位信息，甚至欺骗就业者进入传销组织等恶性事件的发生。如发生在 2017 年 4 月的高校毕业生李文星赴天津求职，涉传销溺水死亡案等，给求职者造成经济利益与人身安全权益两方面的侵害。

三、斗米解决就业信息服务业问题的实践

针对新兴就业服务市场存在的问题、供需双方的痛点，斗米平台厘清平台需要明确的责任义务，制订了一系列解决方案。具体如下：

第一，着力打造大流量的数据平台，解决求职 / 招聘渠道分散问题。斗米一方面聚集海量的 C 端用户，另一方面汇集海量的、可靠的灵活性岗位，让 C 端用户与 B 端企业都有集中的信息入口。

第二，利用三重审核机制杜绝虚假信息。斗米自创了一套基于"技术 + 人工"双重手段的三重审核机制——反垃圾自动审核系统[②]、

---

① 李天国，孙瑜香，邹萍，杨舒斐 . 互联网平台灵活就业信息服务研究报告 [R]. 人力资源和社会保障部劳动科学研究所课题组，2017 年 6 月 .
② 反垃圾系统是指基于斗米平台积累的大数据，找出虚假信息的特征，根据这些特征判定为垃圾信息并自动拦截。

人工审核①和反馈投诉②机制。自成立以来，斗米通过这套严密的审核机制，一共查出并冻结了近 3000 家问题商户的账户，至今未解封。

第三，三重保障机制保障灵活就业者利益。一是工作环境审查，由商务拓展人员对发布招聘需求的企业进行实地认证，以核查岗位真实性、用工环境安全性等，做到线下商务拓展的同时还对企业发布的岗位、工作环境进行安全确认。二是员工保险购买，如为外卖人员购买交通意外险、为会展服务人员购买意外险等。三是先行赔付机制。在平台发现工资不符、拖欠工资、欺诈等现象时，斗米都会直接赔付用户，之后再由平台来发起与企业方的维权动作。

第四，"大数据＋智能"算法提升匹配效率、构建信用体系。斗米拥有 C 端用户库和 B 端企业库，通过智能算法将两者精准匹配。据统计，从斗米平台的匹配数据来看，50% 以上的岗位从发布到满足需求仅历时 1—3 天，30% 的岗位从发布到满足需求历时 5 天左右（即 80% 以上岗位历时 1—5 天）。

斗米在信息服务业方面的有益探索，一方面为社会上新就业形态的从业人员提供了大量可靠的就业岗位，有助于缓解就业压力，据统计，斗米平台自 2015 年 11 月从 58 赶集分拆出来以后，一共为 500 万人次提供了兼职／临时工作岗位；平均而言，每月为每位灵活就业者提供了 2.7 次就业机会，帮助灵活就业者获得了平均每人每月约 1575 元的收入。斗米平台成立不到 2 年，已经为 500 万人次解决了灵活就业问题。另一方面斗米勇于承担作为平台企业应该担负的社会责任，并且其积累的大量数据，如人员规模与收入状况、灵活用工企业数量

---

① 人工审核即是指采用黑盒审核机制，即不透露审核规则的情况下对斗米内部销售人员获取的线索以及线上信息进行审核。审核流程分为初审与复审两步，审核对象包括商户与职位。

② 斗米还专门设立反馈投诉机制，并配备客服团队对接，无论 C 端用户还是 B 端企业客户遇到问题，都能第一时间找到客服人员解决。

与行业分布、灵活用工市场的经济规模等数据，能为政府在就业方面相关决策提供数据支持。

资料来源：作者根据斗米战略发展部及人社部劳动科学研究所课题组等相关资料整理。

二、缺乏沟通协商机制与民主参与制度

新业态就业中工作方式的弹性化推动了劳动用工的分散化，用工形式的多样化降低了劳动关系的稳定性和劳动者的组织化程度。这样一来，分散于各地的从业人员很难真正组织起来形成可以与平台谈判的对等力量，使得新业态企业对于分散的从业人员拥有绝对的强势地位，对平台规则具有绝对的话语权，从业人员对平台规则只能选择接受或者不接受，无权表达自己的声音。例如，当滴滴和优步中国合并消息传出几天内，滴滴对司机的奖励额度较大幅度下降[1]，司机对于此规则的变化只能被动接受。

平台从业人员一旦发生需要维权的事件时，申诉渠道就显得更加单一。目前，在企业和从业人员之间的沟通渠道主要是客服、App（智能手机软件）等线上渠道，相对于传统企业面对面的沟通交流，这种沟通渠道缺乏人性化的色彩。以滴滴出行为例，滴滴与司机之间的申诉沟通常规渠道主要是通过客服电话投诉、"滴滴聆听"[2]微信公众号（司机与滴滴总部专属的沟通平台）等线上沟通申诉渠道；蜂鸟众包等外卖平台也基本采用客服电话以及App申诉渠道，由运营专员实时接收配送员的申诉，并审核验证相关申诉行为的真实性。再如，部分众包配送员反映平台的线上申诉形同虚设，平台的投诉处理管理混乱，如果因为违反规则被平台拉黑后，经常发生申诉不通过的情况。

---

[1]　消息引自《北京青年报》2016年8月8日。
[2]　司机或乘客与滴滴总部专属的沟通平台，功能包括规则解读、服务指南、最新功能与政策推送等，以及优秀司机经验的分享和工作中遇到的问题以及建议等内容。

三、对传统劳动关系认定标准提出的挑战

2005 年，劳动和社会保障部发布了《关于确立劳动关系有关事项的通知》（劳社部发〔2005〕12 号），首次从规章上明确了劳动关系认定的三个标准：一是用人单位和劳动者符合法律、法规规定的主体资格；二是用人单位依法制定的各项劳动规章制度适用于劳动者，劳动者受用人单位的劳动管理，从事用人单位安排的有报酬的劳动；三是劳动者提供的劳动系用人单位业务的组成部分。简单归纳一下，即主体适格、合意、从属性三个要素。

然而，随着新业态的发展，新型用工形式的不断出现，原劳社部发布的〔2005〕12 号文件中三个认定要素显然已经不能完整定义劳动关系整体灵活化的状态，其不适应性逐渐显现，灵活化用工形式中关系界定难以统一，容易带来劳动者权益保护困境。因为三个要素中，主体是否适格通常并非区别"互联网＋"背景下劳动关系和劳务关系的核心要素，因此一般从合意及从属性两方面认定为"互联网＋"背景下劳动关系构成的核心要素。认定的难点主要有以下两点：一是合意含混不清。在新业态企业中，由于经营模式和用工形式多种多样，从业人员与平台企业之间就劳动关系或其他关系是否达成了合意含混不清。除双方明确表示不属于劳动关系外，员工与用工单位之间虽未达成明示的合意，但是否存在默示的劳动关系合意则难以判断。即使从业者与用工单位之间达成了非劳动关系协议，但也不能排除存在争议后会被认定为劳动关系的可能性。二是从属若即若离。在新业态企业中，不论何种经营模式或用工形式，从业人员接受平台企业规章制度的管理，但是从业人员的工作方式灵活化，可以自由选择是否提供服务，从劳动报酬上来看，从业人员也没有固定薪酬的保障。这些难点也给司法实践带来裁判和认定的困难。

近年来，我国平台从业人员劳动关系认定争议案件急剧增多就是一个

很好的例证。据北京市朝阳区人民法院统计，自 2015 年 1 月至 2016 年 8 月，该院共受理了 140 件与"互联网 +"有关的劳动争议案件，其中极为典型的案件有 118 件。这些案件的争议焦点主要集中在双方是否存在劳动关系上①。表 2-7 是部分新业态企业劳动用工纠纷案件的情况及判决结果。通过这些有代表性的新型争议案件可以发现，凡单纯诉求确认劳动关系的案件，裁判结果通常支持非劳动关系主张；倘若案件涉及工伤认定或赔偿，裁决结果往往认定存在劳动关系。究其原因，除了裁判机关及裁判人员对损害赔偿责任承担能力的统筹考虑之外，传统劳动关系认定标准存在一定的弹性导致不同理解也是主要原因之一。这就对"互联网 +"下的劳动关系标准认定提出了挑战。

四、新业态发展对政府监管提出新的挑战

新业态企业对政府监管提出的挑战主要体现在政府主动监察、政府对预先做出从业人员民主参与制度的政策安排以及异地服务三个方面。

首先，企业平台化是新业态企业发展的最新趋势，平台化的发展使得企业更为小微化、管理更加扁平化、资源更为开放化，而这种未来新业态企业发展的主流企业则成为吸纳就业的蓄水池。从业人员数量规模剧增和小微企业分散化、隐蔽化的特点，使得政府对该领域的主动监察行为难以实施。

其次，从业人员的申诉渠道不畅，要求参与对平台企业规则的制定，是对政府监管提出的又一挑战。当前，平台从业人员有表达诉求的需要但无有效通道，如果任凭从业人员自发组织迫使平台做出暂时性让步，不仅难以形成从业人员参与规则制定的长效机制，而且还可能产生破坏性的社会效果。这就要求政府应预先做出从业人员民主参与平台规则制定的政策

---

① "互联网 +"劳动关系频引发争议　朝阳法院召开专家研讨会 [N]. 法制晚报，2016 年 8 月 29 日．

安排，而政府通过何种方式做出政策安排则考验政府监管智慧①。

最后，异地服务的普及对政府对劳动争议处理制度提出了新的挑战。在新业态企业中，普遍存在着异地服务的现象，即劳动提供地、服务接受地、劳动者社会保险缴纳地及劳动报酬发放地往往分布于不同地区。对于政府而言，如何确定劳动合同履行地和劳动争议案件管辖地，已经成为一个现实问题。

五、新业态企业与劳动者关系的灵活化和多样化趋势提出的挑战

通过上文中对新业态企业中各种用工形式的分析可以发现，新业态企业与劳动者关系呈现灵活化和多样化的趋势。如平台自营模式中的神州专车与司机签订劳动合同，为传统型的劳动关系；而新型共享模式中猪八戒网的"威客"和平台企业没有签订劳动合同，以个人身份提供劳动，平台对其监管也有限，成为完全脱离传统的合作伙伴关系；加盟合作模式中的京东到家，采取的是"平台＋企业＋个人"的用工形式，通常个人与加盟企业签订劳动合同，平台对其有监管义务，成为弱劳动关系。另外，政府对新业态的发展秉持着包容审慎的态度，出台了相关管理办法，如 2016 年 11 月开始施行的《网络预约出租汽车经营服务管理暂行办法》就允许网约车平台与司机以协议方式建立民事关系。这种灵活化、多样化的关系针对传统单一劳动关系的管理模式提出挑战，同时，要求提高相关立法的弹性化，增强监管和服务的针对性。

---

① 王文珍，李文静 . 平台经济对我国劳动关系的影响 [J]. 人力资源和社会保障部劳动科学研究所研究论坛，2016（1）：1-27.

第五章

国外经验借鉴

　　他山之石，可以攻玉。国外关于平台经济的出现、发展及其研究都早于我国，关于平台经济带动就业、对工作条件及劳动力市场的影响、扶持平台经济就业的政策等方面都有所探索，对我国研究平台经济下的就业、劳动用工等都有一定的借鉴意义。

第一节 国外平台经济、就业及其劳动用工的状况

一、国外平台经济发展的现状

平台经济已经在全世界迅猛发展，作为未来世界经济发展的一种非常重要的趋势性商业模式，我们有必要学习借鉴其在国外发展的经验。

平台经济并不是 21 世纪才有的发明，它是随着互联网科技的发展逐步趋向发展成熟。21 世纪随着智能手机的普及、地理信息技术服务、网上支付平台的崛起和个人信用征信的完善等，使得平台经济更便捷、更完善、成本更低，这就促进了平台经济的蓬勃发展，成为经济新业态中引人关注的一种表现形式。

平台经济已涉及日常生活的方方面面，包括移动出行的 Uber、Lyft、Zipcar、GrabTaxi，住宿领域的 Airbnb、共享办公空间的 WeWork，提供金融 P2P 服务的 Lending Club、Funding Circle，生活类服务的 Delivery Hero、Hello Fresh，以及众包服务的 People perhour、Free lancer 等，近几年更是爆发式地增长。如移动出行领域，成立于 2010 年的 Uber 目前已在 45 个国家开展业务，估值超过 600 亿美元；住宿领域，成立于 2008 年的 Airbnb，日前平均每晚拥有 42.5 万名住客，是希尔顿酒店在全球的总客流的至少 1.22 倍。另据时代公司（TimeInc）2016 年初对平台经济消费者的调研显示，大部分的平台经济消费者都认为其涉及平台的消费体验优良，预测未来将会有更多的体验者参与到平台经济的浪潮中来。

二、国外平台经济就业的现状

随着平台经济的盛行，平台经济就业的方式也发生了显著的改变。本章节选取美国和欧盟两大经济体进行典型分析。

（一）美国

在平台经济发展的浪潮中，美国独占鳌头，其公众参与度与发展水平可谓是全球最高。据有关数据显示，2016 年美国平台经济市场规模约有5100 亿美元，大概占其 GDP 的 3%。截止到 2016 年上半年，全球 993 个平台经济企业中，有 483 个集中在北美地区，其中美国 455 个，是世界上拥有平台经济企业最多的国家。另外，欧洲和亚洲也是平台经济企业比较集中的地区，分别有平台经济企业 264 个和 182 个。

从涉及的行业领域看，美国的平台经济领域也是在不断拓宽的。近几年，平台经济从最初的汽车、房屋分享迅速渗透到金融、餐饮、空间、物流、教育、医疗、基础设施等多个领域和细分市场。其经营模式也随着行业的拓宽而不断丰富。例如，美国最大的餐饮配送网 Grubhub，是通过手机 App 实现多项服务整合，线上和线下无缝衔接，为用户提供订餐服务。Grubhub 主要针对的独立餐厅为非连锁餐厅，特别是那些店主自营的餐厅，这些独立餐厅约占美国 61% 的市场份额，市场巨大且高度分散。2011 年以来，其营业收入以每年 50% 的速度增长，2013 年为 13 亿美元，2017 年市值为 28 亿美元。目前，该公司业务覆盖全美国 600 多个城镇，大约 3 万家餐馆，拥有 340 万活跃用户，俨然成为美国最大的在线及移动外卖平台。

美国平台经济从业者的规模不断扩大。根据《美国独立劳动者现状》（2013）[①] 的研究报告显示，截止到 2013 年，美国大约有 1800 万名独立劳动者，其结构多样，其中 20% 是千禧世代，36% 是 X 世代，33% 为婴儿

---

① MBO Partners2013 年发布。

潮世代，11% 为老年人。而到 2014 年 [1]，美国自由劳动者的数量则上升至 5300 万名，占美国劳动人口的 34%，并且这一规模还会进一步扩大。据美国财捷集团的《财捷 2020 报告：塑造未来十年的 20 个趋势》（2010）数据显示，到 2020 年，预计美国的劳动大军中有约 40%，大约有 6000 万人为自由职业者、临时工或承包人。而欧洲最大的自由职业者和小企业交易平台 People Perhour 甚至预测，到 2020 年，美国和英国每两个劳动者中就会有 1 人是自由职业者。

从平台经济从业人员的自身状况来看，平台经济收入已经成为自由职业者重要的收入来源。据皮尤研究中心 [2] 对美国 4579 名平台经济从业人员进行的调查数据显示，56% 的受访者表示这笔钱是自身预算的"必不可少或者重要"部分；而 44% 的从业人员认为从平台企业上打零工的收入可有可无，并非其收入中至关重要的一部分。这说明大部分的平台经济从业人员并未只是把零工收入作为赚外快而已，而是至关重要的经济来源。这部分群体大多来自低收入群体，一般为有色人种和受教育水平较低的群体，这些群体工作的类型往往以体力劳动为主，比如开车、保洁、送外卖服务等，网上完成的知识型任务较少，一般都是完成一些调查或者数据录入的工作。而 2015 年美国参与到平台经济的自由职业者约占其劳动年龄人口的 8%，数量可观。此外，该项调查还发现，被调查者中有全职工作、只有零工工作、除了零工工作还有其他兼职人员的比例分别为 44∶32∶24，这说明平台经济的从业人员中兼职就业、多重职业、自由职业等都是其主要的形态。通过此项调查中的被访者从业状态，我们可以发现，平台经济发展带来的新就业形态，即美国所谓的"零工"对于其主要从业人员来说并不是可有可无的，而平台企业愿

---

① 据自由工作者媒合机构 Upwork 估算。
② 皮尤研究中心（Pew Research Center）是美国的一间独立性民调机构，总部设于华盛顿特区。该中心对那些影响美国乃至世界的问题、态度与潮流提供信息资料。皮尤研究中心受皮尤慈善信托基金资助，是一个无倾向性（non-advocacy）的机构，而皮尤慈善信托基金既资助无倾向性项目，也资助倡议性项目。

意为这些从业人员提供权利、基本保障和福利等的少之又少。通过调查公众对这一问题的看法可以发现，有21%的人认为平台经济把太多的财务负担放在了从业人员身上，而23%的公众认为这些平台在"利用"打零工者，而没有负担起其应该承担的责任。随着新业态的发展，新就业形态的不断演变，从业人员对于话语权和基本权利的要求，这势必要求政府部门、平台企业等更加审慎地考虑各方的权利和义务。

（二）欧盟

平台经济在欧盟也增长迅猛，在一些经济部门中已经开始占据不小的市场份额。据欧盟委员会（European Commission）2016年出台的"分享经济指南"（A European Agenda for the Collaborative Economy）的数据显示，2015年欧盟分享经济收入总额预计为280亿欧元。在短租、公共交通、家政服务、专业和技术服务、分享金融等五个主要的分享经济领域，收入总额相比上一年度几乎翻了一番，并且继续呈现出强劲的增长势头。

分享经济为消费者和创业者创造了新的机会。因此，如果受到鼓励并以负责任的方式发展，分享经济将对欧盟的就业和经济增长做出重大贡献。分享平台的成功给既有的市场经营者和商业实践带来了挑战，但在创新的驱动下，分享经济赋能于人，一方面可以为作为个体的公民提供服务，另一方面可以促进新的就业机会、弹性工作安排以及新的收入来源。分享经济可以通过新的服务、扩大的供给以及低廉的价格为消费者带来好处。传统的服务提供者也可以抓住分享经济带来的新机遇，借助消费者评价或者其他反馈机制提高其服务的质量或者定制程度。此外，通过鼓励资产共享和资源的更有效利用，分享经济可以促进欧盟的可持续发展以及向循环经济的转变。

欧盟根据工作的定义，对平台经济催生的新就业形态归纳了九种新型雇佣形式（详见图5-1）。这些雇佣形式可分为两组：雇主和雇员或者客户和工作者之间的新型雇佣关系模式；新型工作机制——换言之，采用新方

法进行工作，并且这两组之间有些时候相互关联。需要说明的是，这九种
雇佣形式还可根据是涉及雇员还是自雇者和自由职业者来加以区别；并且
该区别方式还可能对两组雇佣形式都适用。这九种新型雇佣形式之间可能
存在重叠情况，某种雇佣关系可能属于不止一种类别。

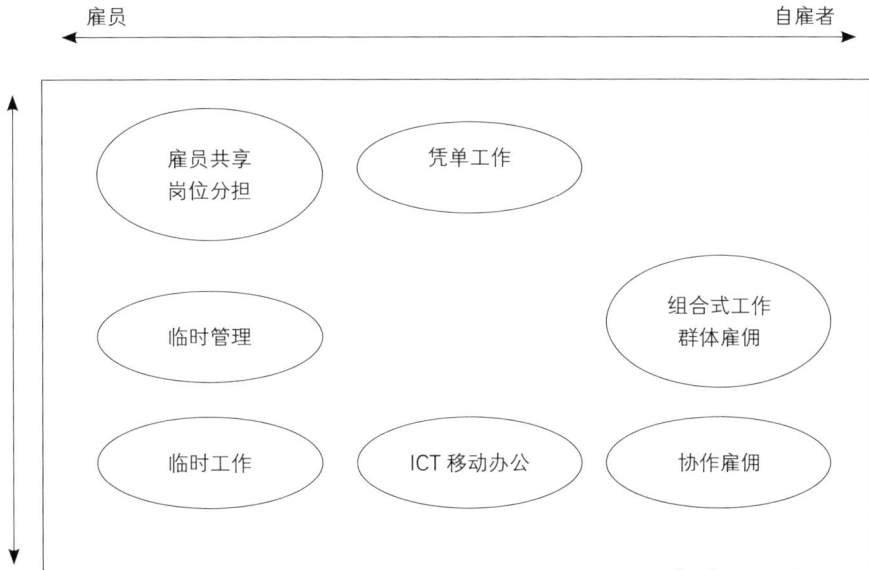

图 5-1 欧盟九种新型雇佣形式类别

资料来源：欧洲改善生活和工作条件基金会（Eurofound）。

具体而言，对于有别于一名雇主和一名雇员这一传统概念的新型雇
佣关系，欧洲目前出现的新型雇佣形式有以下两种：雇员共享和岗位分
担。雇员共享是指一群雇主（非传统临时工作中介机构客户）共同雇佣一
名工作者。该名工作者在不同公司之间轮换。相反，岗位分担是指一名雇
主雇佣两名或两名以上的工作者共同担任某项职位。对雇佣关系重新定义
的第三种雇佣形式是凭单工作，在此种雇佣形式中，雇佣关系和相关付款
是基于凭单而不是雇佣合同。在大多数情况下，工作者的身份介于雇员和
自雇者之间。关于新型工作机制，包括临时管理、临时工作、ICT 移动办
公、群体雇佣、兼职工作以及协作雇佣。临时管理是雇员之间的一种新型

工作机制，是指一名雇主通常为了进行某个项目或者解决某个问题，暂时雇佣一名工作者——通常为高技能专家。与传统的固定期限工作相比，临时管理具备一定的顾问元素，但专家的身份是雇员而不是外部顾问。临时工作也是以雇员为导向。在此种工作机制下，雇主无义务定期向工作者提供工作，而是在需要之时可以要求工作者工作，因此比较灵活。ICT移动办公，这种工作机制的特点是工作者（无论是雇员还是自雇者）在笔记本电脑和平板电脑等现代技术的支持下，在雇主场所之外的各种可能地点办公（例如家里、客户场所或者"在路上"）。这一工作机制与传统远程办公的区别之处在于其地点限制更少。对于自雇者和自由职业者，群体雇佣是一种新选择；此种工作机制也具有不受地点限制的特点。虚拟平台对大量的服务或产品买方和卖方进行匹配，并通常会把大任务拆分成小工作。与此相似，自雇者进行的组合式工作中，自雇者为大量的客户工作，每个客户的工作量都不大。在很多国家还发现了不在传统商业合作伙伴关系范围内，采用新型协作模式的新自雇方式。

通过对欧盟各国出现的新型雇佣形式（新就业形态）比较可以发现，出现各种新型雇佣形式的国家数量没有太大差别，约有10个国家都发现了很多新型雇佣形式（详见表5-1）。临时管理和凭单工作较少，而ICT移动办公最为常见。

表5-1   欧洲国家发现的新雇佣形式

	雇员共享	岗位分担	临时管理	临时工作	ICT移动办公	凭单工作	组合式工作	群体雇佣	协作雇佣
奥地利	X					X			X
比利时	X			X	X	X		X	X
保加利亚	X								
克罗地亚				X					
塞浦路斯					X		X		X

续表

	雇员共享	岗位分担	临时管理	临时工作	ICT移动办公	凭单工作	组合式工作	群体雇佣	协作雇佣
捷克共和国	X	X	X					X	
丹麦					X		X	X	
芬兰	X				X				
法国	X		X	X	X	X			X
德国	X				X				
希腊	X		X		X		X		
匈牙利	X	X	X	X	X			X	
爱尔兰		X		X					
意大利		X		X			X	X	X
拉脱维亚			X		X			X	
立陶宛					X	X	X	X	X
卢森堡	X								
荷兰					X	X		X	X
挪威			X		X			X	
波兰		X							
葡萄牙					X		X	X	
罗马尼亚				X					
斯洛伐克		X		X					
斯洛文尼亚		X		X	X				
西班牙					X			X	X
瑞典				X	X				X
英国		X	X	X			X	X	

资料来源：Eurofound，根据各国数据统计[1]。

---

① 爱沙尼亚和马耳他没有发现与本课题中工作定义相对应的新型雇佣形式。

通过表 5-1 可以发现，在大多数欧盟成员国和挪威，发现了不止一种新型雇佣形式。只有保加利亚、克罗地亚、卢森堡和波兰发现了一种新兴雇佣形式，而希腊和匈牙利发现了七种。在很多东欧成员国（保加利亚、克罗地亚、捷克共和国、波兰、罗马尼亚、斯洛伐克和斯洛文尼亚）以及一些欧盟国家（芬兰、爱尔兰、卢森堡和荷兰）发现的新型雇佣形式大数是涉及雇员，而在大多数南欧国家（塞浦路斯、希腊、葡萄牙和西班牙）以及波罗的海国家（拉脱维亚和立陶宛）、丹麦和德国，一般都是涉及自雇者。一些中北欧国家（奥地利、比利时、法国、匈牙利、意大利、挪威、瑞典和英国）出现了既涉及雇员也涉及自雇者的新型雇佣形式。

大多数新型雇佣形式均基于传统雇佣合同或服务交付合同，产生单独法律依据的情况很少。在某一法律框架或集体约定的框架外操作，可能会存在一定的问题。例如，捷克研究表明，法律未做定义的雇佣关系通常都具有以下特点：雇佣保障程度低，工作条件较差，尤其是工资、社保或者工伤赔偿方面较差（Nekolová，2010；RILSA，2012）。大多数新型雇佣形式一般都涵盖整个经济和所有职业，即使在实践中仍然是以某些产业或职业为主。

三、国外平台经济劳动用工的状况

蒂娜·布朗（Tina Brown，2009）[①] 首次使用零工经济描述新业态下的经济形态，并将其界定为由工作量不多的自由职业者构成的经济领域，从业人员主要与网站或应用程序签订合同；另外一些研究 [②] 进一步认为零工经济是指利用互联网和移动技术快速匹配供需方，并由工作量不多的自由职业者构成的经济领域，主要包括群体工作和经应用程序接洽的按需工作两种形式。其中，前者指由从业者在网络平台上完成的常规性和技术性较

[①] Tina Brown. The Gig Economy[N]. The Daily Beast,2009.1.12.
[②] 全球劳动力配置：Uber 化？2016 年 4 月 29 日，https://www.douban.com/note/554617303/.

强的任务，后者主要指从业者通过手机应用程序寻找家政、维修等本地服务的工作机会。

自美国加利福尼亚州发生的两起 Uber 司机与平台的劳动纠纷案件以及北京 e 代驾确认劳动关系案等争议案件发生以来，关于共享经济等互联网新型业态下平台与从业人员之间劳动关系的认定问题引发了世界范围内的探讨，但目前尚未形成定论。以互联网出行平台与司机之间的劳动关系认定为例，理论界和实务界存在两种观点：第一，互联网出行平台与司机之间是劳动关系。例如，美国佛罗里达州监管部门、俄勒冈州劳动和工业局曾经也在 Uber 的个别司机与平台的诉讼案中，认为由于司机提供的服务是平台业务的基础内容，平台对于整体运营保持普遍性控制等因素，裁定二者之间是劳动关系。也有人认为，虽然从业人员使用的是平台和网络就业，但其从事的职业仍是传统的服务行业，职业并未发生根本变化，应将其纳入劳动关系，保障劳动者权益。第二，互联网平台与司机之间不是劳动关系。例如，Uber 在与加利福尼亚州和马萨诸塞州平台司机的和解中确认平台司机保持"独立承运人"身份，与平台之间是合作伙伴关系。

第二节　对平台经济发展的争议

一、各国对平台经济发展的不同态度

放眼世界，美国、欧盟、日本等国对于网约车等平台经济的发展采取的态度各不相同。

（一）美国

美国采取的是"底线"政策，即政府在其行为下画一条线，任何网约车的行为都不能越过这条红线，红线之上的事情都可以做。这样的政策也促进了 Uber、local motion 等网约车企业的迅速发展。

另外，美国许多地方的监管和立法机构都在探讨如何界定网约车的法律地位，如何将其纳入监管，从而提升公众使用网约车的安全性。最先承认网约车合法性的，是 Uber 等公司的诞生地加利福尼亚州。该州交通监管机构于 2013 年 9 月制定了针对网络平台的监管规范。而最早通过州立法承认网约车合法性的是科罗拉多州（2014 年 6 月）。随后，华盛顿哥伦比亚特区立法机构于 2014 年 11 月通过立法也确立了网约车的合法化。与此同时，2014 年一些地方的立法进程被延缓（例如伊利诺伊州和俄克拉荷马州），还有一些州的立法面临巨大阻力而无法通过（如佐治亚州、马里兰州）。阻力主要来自现有的出租车和高档约租车的经营者。他们认为，私家车提供运送服务是不安全的；立法对网约车设置的管制过于宽松，对传统出租车和约租车构成不公平竞争。还有一些地方，当局对网约车暂时实施数量控制。例如，西雅图市 2014 年 3 月制定了试行规则，将同一时间提供网约车服务的车辆限制在 150 辆以内 ①。

（二）欧盟

欧洲是分享自行车等移动出行领域项目的早期参与者，并已从中获利，但是欧洲各国对于平台经济、分享经济这种新业态的态度却不甚一致。一些国家的政府对其发展持鼓励的态度，如英国政府对平台经济、分享经济的接受程度较高，其拥有全球分享经济业务量的十分之一，远远超过法国、西班牙、德国等国。据沃顿知识在线预测，预计到 2025 年，英国市场上平台经济的价值将超过 133 亿美元。而在 2015 年 5 月，为了更加促进平台经济及分享经济在英国的发展，英国政府更是放宽了一条实行长达 40 多年的法律，即允许人们可以把自己的家短租出去，短租的期限为三个月或以下。2016 年初，英国政府还宣布对在平台经济及分享经济平台就业并领取报酬的人们实行税收减免政策，这就使得英国政府成为世界上第一个实行对平台从业人员实行税收减免政策的国家。在这些政策的支持下，英国市场上的点对点式平台企业，如 Crowdcube、Seeders 和 Funding Circle 等企业发展势头良好。

而另一些政府则对平台经济的发展持打压的态度。如法国、德国、意大利、比利时和荷兰的法院已声明，推广非专业司机驾驶是一种违法行为。据彭博社的消息称，法国的刑事法庭对发展较早的移动出行领域的 Uber 公司进行罚款，而且还处罚了 Uber 公司的两名执行高管，在法国巴黎的出租车司机对来自 Uber 公司的竞争感到愤怒，做出很多过激行为，如追赶载客的 Uber 车、烧毁轮胎、阻塞道路，扰乱了市场的正常运营。在住宿领域，荷兰政府从 2015 年 2 月开始对 Airbnb 征收游客税；德国柏林政府要求如果没有城市允许，不可以在 Airbnb 平台上出租整间公寓；法国巴黎政府成立 20 多人的调查小组，调查非法房间分享行为。

---

① 王军. 美国如何管理网约车 [J]. 中国改革，2015（8）：11–16.

针对欧盟内的部分城市由于对传统的出租车及住宿业构成的不正当竞争而引发的对 Uber 及 Airbnb 等服务实施的禁令，欧盟表示，通过手机软件达成的服务行为须依法纳税，除此以外政府不得对这类撮合行为设置限制性条件。并且，欧委会于 2016 年 6 月 2 日发布新版指南再次做出有利于"共享经济"的规定，指南要求欧盟各成员国政府对于 Uber 及 Airbnb 等在线服务的规定应当兼顾公众利益，对于上述服务的禁令或是数量限制只能被作为监管的"最后手段"，呼吁欧洲各国的监管机构不要对平台经济相关企业发布禁令。该指南的主旨精神主要体现在以下几个方面：

（1）在市场准入方面，第一，当分享经济平台自身不提供服务、只作为信息中介时，不应对其设置准入要求或者其他门槛；第二，一般不应对服务提供者施加从业批准、许可等准入义务，除非这些限制对于满足相关公共利益目的是绝对必要的；第三，绝对禁止和取缔分享经济业务只能作为最后迫不得已的手段和措施；第四，区别对待职业的服务提供者和临时提供服务的公民个人，不得针对后者施加准入义务或者其他限制。

（2）在责任承担方面，纯粹作为信息中介的分享经济平台可以享有"避风港"庇护，不对其不知道或者在知道后及时采取措施的违法行为承担责任。

（3）在消费者保护方面，既要给消费者提供较高程度的保护，又不能给临时提供服务的公民个人施加过度的义务。

（4）在劳动关系方面，某个个体是否是平台的雇员的判断标准主要包括其与平台之间是否具有从属关系、工作的性质以及酬劳。

（5）分享经济服务提供者和平台需要缴税，包括个人所得税、企业所得税、增值税等，这一方面需要分享经济平台与监管机构进行密切合作。

（三）日本

日本对于网约车则采取保守的态度，针对本国的特殊国情，日本尚未承认 Uber 等网约车的合法化[①]。禁止无资质车辆提供出租服务。2015 年，Uber 开始在日本南部的福冈市进行拼车业务试点。用户使用智能手机应用联系当地的普通司机，后者像出租车一般接送客人，但不向乘客收取费用。据日本共同社报道，Uber 会根据驾驶时间等向司机支付报酬，有些司机每周可收到数万日元的补贴，此举引起日本国土交通省关注。在 2015 年 3 月，日本国土交通省通知 Uber 停止在福冈市进行拼车业务试点。与东京不同，在福冈提供服务的 Uber 司机没有申请商业运输许可证。日本国土交通省称 Uber 的做法违反了日本的《道路运送法》，该法禁止无资质车辆提供出租车服务。此外，Uber 服务在汽车保险问题上不透明，可能会出现索赔纠纷。Uber 日本发言人反驳称，在福冈市的试点只是一个研究性项目，并不是官方服务。Uber 向司机支付的报酬并不是出于拼车服务，而是司机向公司提供的数据费用。公司将继续开展试点服务，并向司机支付油钱和数据通信费用。日本国土交通省官员表示并不满意 Uber 的回应，称"将继续要求其立即停止该服务"[②]。

二、平台经济发展对劳动力市场的影响

平台经济的发展在就业方面带来的新就业形态，必然会对劳动力市场带来一定的影响。本部分主要着眼于欧盟劳动力市场上出现的九大类新就业形态的出现对劳动力市场的影响进行分析。

（一）雇员共享

雇员共享是一群雇主共同雇佣工作者，并共同对工作者负责的一种雇佣形式。其还可分为两种不同类型的雇员共享形式：策略性雇员共享，一群雇员建立一个雇佣一名或数名工作者的网络，并安排该等雇员为参与的

---

① 张倍利．也聊网约车新政 [J]．上海人大月刊，2016（11）：38．
② 陈红书．国外政府如何对待网约车．中国交通新闻网，https://www.yicai.com/news/4696919.html，2015 年 10 月 14 日．

雇主公司工作。该结构与中介机构临时派遣工作相似，区别之处在于工作者定期在参与雇主之间轮换，只为这些雇主工作，并且该网络本身不以营利为目的。临时雇员共享，某名雇主在暂时不能为其员工提供工作时，派员工到另一公司工作。工作者加入接收雇主的工作组织期间，首名雇主与工作者之间的雇佣合同仍然有效。此种结构也与中介机构临时派遣工作相似，区别之处在于首名雇主并非从事工作派遣业务，其目的是临时派遣，工作者将来还是会回到首名雇主处工作。

其对劳动力市场的影响主要体现在以下三个方面：

第一，降低管理和人工成本。策略性雇员共享能够让公司获得其原本无法负担成本的人力资源（Wölfing et al，2007；Antoine and Rorive，2006），这尤其对中小企业有利，可降低其管理和人工成本。另外，参与公司还能得到共享雇员积累的跨公司工作经验，可提高效率和生产率。有迹象表明，雇员共享能够促进地区其他商业领域的合作，有助于当地经济的发展。

第二，帮助所在地区焕发活力。主要体现在保持劳动力市场的稳定性，提升所在地区的技能水平，产生更多的就业机会。具体而言，这一类型的就业可通过提供原本不稳定，可导致核心员工高强度工作（CERGE，2008；Delalande and Buannic，2006）或者可导致雇员共享模式下工作时间减少或解雇的全职工作机会，帮助保持劳动力市场的稳定。雇员共享还可通过雇主之间的多边影响，所有雇主为保持对雇员共享集团的吸引力，不自觉地提供相似的工作条件，帮助改善某个地区的工作条件。可提高该地区对熟练工的吸引力，从而吸引原本打算去往别处的熟练工。在不同的公司工作还能够培养劳动者一系列广泛的技能，应付各种任务和工作组织的能力，从而提升所在地区的技能水平。反过来又会吸引新公司过来，产生更多就业机会。从而，策略性雇员共享具备帮助所在地区焕发活力的潜力。

第三，有利于劳动力市场的整合。共同责任可能会降低公司对招聘弱势群体的勉强程度，例如，在需求不稳定或者经济环境具有挑战性之时。在比利时，策略性雇员共享被视为匹配劳动力供需的一种创新工具的情况较少，更多是被视为促进易受的群体进入劳动力市场的一种手段。然而，由于弱势雇员通常被雇主视为不太合格，或者在其他方面无吸引力，因此雇佣弱势劳动者的义务可能会成问题。实际上，这些弱势群体特别需要共享其之前无法享受到的技术或者政策上的指导和支持。

案例一：劳动力市场整合效果

2002 年至 2013 年期间，芬兰的雇员共享集团 Andelslag 雇佣了约 1500 人。其中约 50% 未受过职业教育，14% 具备所选任务所需的教育水平，只有略高于三分之一的人接受过其他形式的教育。其中一半以下（49%）为 25 岁以下的年轻人，46% 在 25—49 岁，剩余的 5% 年龄超过 50 岁。五分之四都已失业至少一年。雇员在公司之间的流转通常不会持续很长时间，实际上有能力的雇员很快就会获得一份长期工作。在雇佣的这些人当中，约四分之一通过 Andelslag 找到了长期工作。

在法国 Île de Noirmoutier 和 Île d'Yeu 岛的策略性雇员共享集团中，公司有时候会反复点名要求提供相同的劳动者，有些劳动者甚至只为一家公司工作。若公司经过发展具备了雇佣劳动者的能力，那么该名劳动者就会离开集团，加入该公司，与该公司签订长期雇佣合同。其他雇主由于不直接雇佣劳动者，因此无须同意该整合。自集团成立20 年来，有 100 多名劳动者在成员公司找到了工作。

资料来源：New forms of employment.

（二）岗位分担

岗位分担是指雇主同时雇用多名工作者（一般为 2 名）共同担任某项全职职位的用工关系。岗位分担属于兼职工作的一种形式，目的是确保分担的工作岗位不会缺档。岗位分担者基本上都属于雇主组成的团体，而不是雇员自发组织的团体。

其对劳动力市场的影响主要体现在以下三个方面：

第一，整合和保留岗位。岗位分担对劳动力市场的影响主要在于整合和岗位保留，而不是岗位创造。如在捷克、匈牙利、爱尔兰和斯洛文尼亚，据称岗位分担能增加劳动力市场弱势群体的就业机会，尤其是休完产假返回职场的女性，需要照料孩子的人群，年龄较长、残疾或生病而无法全职工作的人群及参加教育培训的人群。另外，相比兼职岗位，还能为雇主节省成本（如雇主只需配备一套技术设备或一个工作岗位等）。

案例二：劳动力市场整合

在斯洛文尼亚，据称岗位分担方便具有一定程度残疾的人群就业。该国《养老金与残疾保险法》规定，具有一定程度残疾的人不得进行全职工作，但一天可兼职工作 4 小时以上。正常工作能力减少到 50% 以内的人，以及仍然能够全职工作、但无法在雇主提供的地点工作的被保险人都属于上述范畴。这种情况下，雇主就必须合理安排，让受影响的人能够兼职工作。如此一来，二者或更多的人（绝大部分为二者）之间分担岗位就变成了十分有效的就业形式。

资料来源：New forms of employment.

第二，有助于解决当前劳动力市场失业者年轻化、工作人群老龄化的困境。惠特利（Wheatley，2013）指出岗位分担作为一种传帮带方案，作为年长工作者"缓退"劳动力市场的方式，还可以用来培育年轻的工作者。斯洛文尼亚计划采用为离岗人员岗位分担提供补助的模式，鼓励离岗人员与在岗雇员分担岗位，使之能在逐渐退出劳动力市场的同时，将积累的知识和经验传授给年轻的继任者。这种做法同样能够改变雇主对年长员工在劳动力市场作用的成见。

第三，增强业务的连续性和雇员的参与度，提高劳动生产率。在爱尔兰、捷克、斯洛伐克和英国，尽管人力资源成本较高（由于岗前教育、培训和行政管理等因素），但主要岗位分担能保证任务持续完成且质量一致，就能提高公司绩效。一部分是因为这类员工喜欢这种机动的工作时间，提高了他们的岗位满足感，而且两人或多人共同分担同一个岗位，也拓宽了创新幅度，增强了创造能力。专业熟练的人员即使无法全职工作，也能因这种形式保留下来，而且公司还能赢得家庭友好的名声。

（三）临时管理

临时管理是指公司为特定目的暂时将员工"外租"给其他公司的用工形式。这种员工外租是雇主公司的主要目标，但与临时雇佣代理机构不同，其人员仅限于具有较高专业化水平的专业人员，派遣到接收公司解决特定的管理或技术问题，或协助公司渡过经济难关。

其对劳动力市场的影响主要体现在以下两个方面：

第一，促进公司核心员工的知识增长。临时管理者资历高、专业素质强，即便工作安排是临时性的，但仍然能够促进公司核心员工的知识增长。有了临时管理者，能提高活力，推动创新，还可影响公司文化和工作机制。布伦斯和卡布斯特（Bruns and Kabst，2005）认为，临时管理可能是公司对前期人力资源投入（培训活动和人力资源规划）不足的反应。如果真是这样，也就说明临时管理能提高公司的竞争能力，促进公司的可持续性发展，甚至推动公司的成长，进而对劳动力市场产生积极影响。

第二，不会排挤其他的雇佣形式。英国的专家评估则认为这种雇佣形式要比雇用咨询师更划算。不过，新就业形态访谈的部分专家却认为，临时管理不会排挤其他的雇佣形式，因为这种工作针对性极强（短期合同，高技能水平的专家）。

（四）临时工作

临时工作是就业不稳定、不连续，雇主无须定期为员工提供工作，但又可随时在需要的时候召唤他们为其工作的形式。欧洲议会（2000）将临时工作定义为"无连续就业要求的不规律或间断性工作"。雇员对得到这类工作的期望值取决于雇主工作量的增减。

近几年，欧盟委员会（2014）和欧洲改善生活和工作条件基金会（Euro found，2015）都重点提出，自2007年底到2014年初，全职职位呈下降趋势，老成员国兼职就业的比例要高于新成员国。他们认为，自危机以来兼职就业上涨也是迫于无奈，因为受经济萎缩影响最小的成员国，兼职就业的增长率也最低。很明显，在经济不确定的时期，雇主们用工也会格外审慎，由此导致固定聘用率下降。

其对劳动力市场的影响主要体现在以下两个方面：

第一，促进青年人或失业人员进入劳动力市场。据比利时、爱尔兰和意大利专家的意见，临时工作合同能帮助年轻人或失业的人等特定人群进入劳动力市场，积累宝贵的工作经验。比利时的数据已经证明，临时工作已经实现了让年轻的或失业的工作者进入劳动力市场的目标。

第二，推动新岗位的产生。近几年来临时工作同样也在保留岗位上发挥了积极的作用（不过工作量和收入也相应减少），甚至还可以说是推动了岗位的产生。如罗马尼亚计日劳动者从事的临时工作，就被认为在地方区域产业中形成了新的就业框架，而且由于机动性强，官方介入少，还减少了劳动力流失和漏水现象。据劳动部部长估计，法规颁布后，有150000—200000个岗位进入规范化劳动力市场。同样，爱尔兰一位雇主组织代表受访时称，应召工作为依赖机动工作（如居家护理等）的环境创造了岗位。他认为，应召工作为没有机动劳动力就无法生存的行业提供了后盾。不过，案例分析实例则显示，临时工作的岗位产生效应并不大，而且产生的岗位也未必很吸引人，因为工作时限短，或者工种并不好。

案例三：岗位产生效应

匈牙利一家塑料包装公司在招聘短期工作者的过程中，直接在招聘广告中说明，先做临时工，合格后即可成为公司的固定员工。他们告诉应聘者，临时工作的时间就相当于试用期。短期工作 6—9 个月后，雇主对工作者的业绩进行评估。到时候如果公司需要固定员工时，就会选出表现最好的临时工作者正式录用。

同样，在荷兰的一家儿童托管中心，零小时合同也可能成为固定工作。如果有空缺，而且有应召雇员提出申请，他们一般都会有限选用应召工作者，因为他们熟悉内部流程，而且部门经理也了解他们。这样就可消除雇用新人的风险。

资料来源：New forms of employment.

第三，工会担忧会影响基本权益的保障。工会一般都不赞成这种就业形式，因为会影响工作保障。在英国等部分国家，工会主张完全禁止，因为这种就业形式会影响就业权利，产生不安全性，造成对工作者的剥削（Unite，2013）。

（五）ICT 移动办公

ICT 移动办公（基于信息通信技术的移动办公）是指，在用人单位总公司以外的场所，可以是用人单位的经营场所，或者是客制化的家庭办公室，利用信息通信技术网上连接至公司的共享计算机系统来定期完成至少部分工作安排（Andriessen and Vartiainen，2006；欧盟委员会，2010a；欧洲改善生活和工作条件基金会，2012a）。移动工作发生在适合工作活动、任务、商务安排和工作者生活方式的任何地点和时间，不一定在一个特定的场所，也可以是"在路上"（Andriessen 和 Vartiainen，2006；欧盟委员会，2010a）。因此，基于信息通信技术的移动办公环境一直在变，但是需要与其他员工或客户合作，因此要求连接共享资源以实现一个共同目标（Corso 等，2006；欧盟委员会，2010a）。

其对劳动力市场的影响主要体现在以下三个方面：

第一，彻底改变了生产方式、消费和工作方式。这种向越来越依靠信息通信技术的工作组织转变已经降低传统实际工作场所的重要性（Vinnova，2007）。这能够获取新技能和新工作实践，提升组织效率、整体竞争力，促进增长（包括创造就业）。但是，其危险是一些企业和员工不能适应加快的技术开发，并且可能最终处于落后。如在丹麦，ICT 移动办公模式的普及正在改变工作组织。与这个新就业形式有关的灵活性与换班等更传统就业形式的灵活性不同，移动办公需要更多的自我组织和自我管理，以及整个团队在任何时候都可以工作。

第二，提高对工作的满意度，提升企业的吸引力。移动工作者通常对工作的满意度很高，这或许可以被解释为工作者的类型（经理和专家），以及他们对独立工作的偏好和能力。因此，受访雇主称，这种工作方式能改善产品、服务质量和效率，提高生产力。几家雇主称，他们提供 ICT 移动办公的决定提高了他们的企业品牌化，使他们在劳动力市场更具吸引力。

案例四：工作满意度和生产力的提高

希腊 Microsoft Hellas 公司的年度员工满意度调查显示，自从引进移动办公模式以来，员工满意度更高，尽管由于市场状况和竞争、萧条引起的不安全和不确定性使工作量增加，压力增大。员工满意度的增加与员工压力水平的减少有关，进而改善了工作和生活的平衡。由于员工节约了通勤时间，因此工作强度已经降低。员工满意度的增加也提高了生产力和公司的竞争力（Microsoft，2012）。

资料来源：New forms of employment.

第三，为弱势群体提供进入劳动力市场的可能性。ICT 移动办公也为弱势群体的劳动力市场一体化提供了某种可能。这些人可能是因为身体或家庭原因不能在雇主的经营场所定期工作的人员，也可能是因为交通不便，想节约通勤时间的人员。对于人口密度低、社区间距离远的挪威来说，知识密集型企业的移动办公已经被确定为一个新的经济增长驱动力。这种工作模式让住所离单位远的工作者有机会增加就业能力，而不需要搬家（地方政府和现代化部，2011）。

（六）凭单工作

凭单工作是一种雇佣形式，雇主在此等雇佣形式下从第三方（通常是政府部门）处获得凭证，用作对提供服务的工作人员付款，从而取代现金的支付。所提供的服务通常是具体的任务或定期指派，并且因此这些服务会与临时的组合型工作相关联。如奥地利、比利时、法国、希腊和意大利的家政服务业，以及希腊、意大利和立陶宛的农业。

其对劳动力市场的影响主要体现在以下两个方面：

第一，有助于创造新的就业岗位。据比利时的数据显示，在比利时推出服务凭证制度七年之后，估计有 10% 至 20% 的未申报劳工已经得到合法化（IDEA 咨询公司，2010）。服务凭证制度还致力于为长期失业人员重新融入劳动力市场提供一个替代制度，用以替代当地职业介绍所。另据奥地利、希腊、意大利和立陶宛的数据显示，基于凭证的工作针对特定的工作人员群体（妇女、具有初级资格或资格已被淘汰的工作人员、移民以及年轻人）开放了就业机会，让他们得以进入劳动力市场与融入途径，获得工作经验，保持和提高他们的技能和就业动机，并且与潜在的雇主建立起联系。

第二，提高工作的安全性。从意大利的角度来看，工作人员由于其合法身份而使其工作的安全性更高，这被认为成功的因素，同时据报道，凭证制度在农作物收获的过程中已经把许多临时雇员挤到农业之外。

（七）组合式工作

组合式工作涵盖了从自由职业者和个体经营者（Kitching and Smallbone，2008）到受雇佣工作人员（Eurofound，2013）的一系列雇佣形式，在这个项目中，它被理解为为大量客户工作的小规模自由职业者、个体经营者或微型企业的承包制。因此，与本章节讨论的其他雇佣形式（如群体雇佣、联合工作和 ICT 移动办公）可能会存在一定程度的重叠。

其对劳动力市场的影响主要体现在以下两个方面：

第一，为老龄劳动力提供工作机会。例如在英国，组合式工作提供了一种灵活的雇佣形式，可以延长老龄劳动力的工作年限，甚至超过退休的年龄。在这种情况下，基于对老龄员工的专业知识的认可，组合式工作提供了一个在退休后赚取额外收入的机会，同时为工作人员和雇主提供了灵活性（Platman，2004；Wild，2012）。

第二，提供个体经营基础上较为稳定的工作机会。如在挪威，组合式工作为员工提供了在个体经营的基础上开展工作的机会，同时还能够保持固定的工作。对于独资企业所有者而言，这种雇佣形式的会计要求相对不那么烦琐，因此较为容易。在英国，据报道，组合式工作可以在企业家创办自己的公司之前为他们带来初期的财务稳定（Wild，2012）。

（八）群体雇佣

"群体雇佣"是一种使用在线平台的雇用形式，这种形式使组织或个人能够访问无限的、未知的一大批其他组织或个人，从而解决具体问题或者提供特定服务或产品来换取付款（Green and Barnes，2013；Saxton etc，2013；Papsdorf，2009）。这种形式也被称为群体供应 或群体工作，这是一种新型的组织形式，将通常委托给单一员工的任务外包给大量的"虚拟工作人员"（Felstiner，2011；Saxton etc，2013）。这种形式是基于个人的任务或项目，而不是持续的雇佣关系。

其对劳动力市场的影响主要体现在以下三个方面：

第一，为创造包容性劳动力市场做出贡献。在世界各处存在当地经济停滞问题的地区，群体雇佣为收入和社会流动创造了新的机会，同时也缓解了特定地理区域专家短缺的情况。费尔斯蒂纳（Felstiner，2011）也以类似的方式将群体雇佣视为"在农村和受战争或自然灾害破坏的地区具有巨大经济发展潜力的工具"，因为这种形式只需要很少的资金投入和员工培训即可，使其成为适合于中小企业、非政府组织、地方政府以及社会企业家的工作人员雇佣来源。因此，群体雇佣可以被看作对包容性劳动力市场做出了贡献。

案例五：劳动力市场的整合效果

一名使用捷克 Topdesigner.cz 平台的工作人员居住在距离最近村庄几公里，距离最近的城镇甚至有几十公里的山区。如果没有群体雇佣平台，除非是他搬到新的地方或者每天上下班花费几个小时的时间，否则工作人员就无法开展工作。

资料来源：New forms of employment.

第二，为自由职业者提供良好的工作机会。丹麦和西班牙的专家报告指出，群体雇佣可以为自由职业者提供良好的工作机会，并且为年轻劳动力市场的参与者提供早期的工作经验，同时丰富他们的简历、就业能力和职业发展。提供任务竞争的平台对于具有良好的技能但没有以往工作记录的年轻专业人士而言可能是一个机会，因为重点会更多地关注在内容上，而不是以往的经验和声誉。

案例六：群体雇佣给年轻专业人士的就业机会

在西班牙 Adtriboo.com 平台上注册的两名经面试的工作人员向年轻的学生和缺乏经验的专业人员推荐群体雇佣形式。他们认为，竞争为他们提供了展示自己的想法和提高技能的机会。年轻的专业人士可以通过平台让大公司评估他们的想法，否则他们很难实现这一点。这为他们提供了宝贵的经验；即使他们没有最终赢得任务，他们仍然能够洞察到潜在客户的期望。

资料来源：New forms of employment.

第三，避免质量上出现"逐底竞争"的机制。如丹麦的 Boblr 平台要求发起竞争的客户必须根据提议服务的质量，设立一个评审委员会进行投标的评估和优胜者的选择。该评审委员会的成员必须是具有相关技能的专业人员，并且可以是客户的内部人员或外部专家。如果没有成立评审委员会，那么平台可以拒绝发布竞争，而这一情况在过去也发生过。

（九）协作雇佣

个体经营者和中小企业（SME）之间的合作是一种传统的商业经营方式，与较大的竞争对手相比，这种合作克服了因为他们的规模较小而强加于这些形式的经济活动上的局限性。在这个课题中，重点集中在最近出现的具体形式的合作上，这些合作形式超越了传统的供应链或商业伙伴关系。

其对劳动力市场的影响主要体现在以下三个方面：

第一，协作雇佣是一种更具活力的伞式组织，有助于形成更有活力的劳动力市场。如奥地利高级专家库（ASEP），资源库为退休专家提供了维持原有收入水平的机会，并且继续以有意义的方式运用他们的知识和经验来开展有趣的项目（欧洲改善生活和工作条件基金会，2012c）。又如瑞典的伞式雇佣被认为有助于形成一个更有活力的劳动力市场，因为行政管理负担的减轻促使更多的人加入个体经营。这也导致长期失业人数的减少（Tillväxtverket，2012）。另一项研究的结论是，伞式雇佣往往是一个从固定的有偿雇佣到个体经营的短暂过渡阶段（Ulander-Wänman，2012）。

第二，联合工作有助于克服个体经营的障碍，扩大劳动力市场的参与范围。联合工作促进了网络的形成、多学科工作人员之间的协同，以及信息共享和相互支持，同时降低了运营成本，有利于赢得客户和获取融资。西班牙的一项调查结果显示，联合工作促进了生产力水平的提高：有75%的调查对象在报告中指出，由于理想的工作环境而使生产力得以提高（西班牙联合工作，2012）。

案例七：协作雇佣的劳动力整合效果

西班牙联合工作中心 Utopic_US 在青年工作人员完成学位课程之后，通过提高他们的就业能力，帮助他们立即融入劳动力市场。在西班牙劳动力市场中，年轻工作人员的高失业率意味着许多人被迫在长期失业和定期工作之间交替辗转。即使有些人可能选择了个体经营，但失败率也非常高。成为联合工作人员的个体经营者大大提高了巩固其劳动力市场地位的机会。

资料来源：New forms of employment.

第三，合作社在欧洲经济危机时期中发挥着至关重要的作用。它能把盈利与团结结合起来，创造高质量的就业机会，增强社会、经济和地区的凝聚力，并且创造社会资本。在经济危机的背景下，重组危机中的企业或者没有接班人的企业成立了数百家工业和服务业合作社，从而挽救和重新发展当地的经济活动和就业机会。许多合作社已经证明，它们比许多传统企业更有韧性，无论是在就业率还是企业歇业方面都是如此（Roelants etc，2012；Zevi etc，2011）。合作社也可以有效地促进创业，因为它们允许公民团体共同承担企业责任。欧洲议会（2013）强调了合作社在中小企业重组中的积极作用，以及对处于关键就业状况下的弱势工作人员的融合。

第三节　促进和扶持平台经济发展的政策措施

平台经济的迅速发展带来了新的经济机遇，创造了新的就业形态，当然，也给就业、劳动关系、社会保障等方面带来新的问题和挑战。各国对待其发展的态度也不同，但无一例外的是，各国都在思考其发展态势以及如何更好地利用它。一些国家和经济组织也在着手研究相关政策措施，促进和规范平台经济及新就业形态的发展。具体而言，体现在以下六个方面：

第一，规范平台经济及新就业形态的术语，明确其范围及特征。如欧盟委员会就认为需要在整个欧洲范围内，由政府与雇主和雇员代表达成共识，从而确定正在兴起的新型雇佣形式，其中包括以雇佣形式主要特征为基础的共同术语。尽管由于劳动力市场特征、制度环境和工作组织传统等方面的差异，各国经常会出现操作上的差异，但要实现这一点应该还是有可能的。

第二，开展新业态的调查研究和数据收集，促进国内外的相关讨论交流。如欧盟委员会认为应当支持收集关于出台新型雇佣形态政策的信息，并且应当委托开展调查研究和收集数据。为此，本章节中提供的信息可用性的比较可能会对此有所帮助。应当促进成员国内部以及各成员国之间的讨论和交流，增加关于新型雇佣形式的现有知识，促进同行之间的学习和经验教训的交流，从而在整个欧洲的决策中形成协同作用。

第三，组织建立行业协会，推动平台经济的发展。如韩国在 2012 年建立了"首尔市共享促进委员会"，发布《首尔共享城市》宣言，其主要职责是为促进分享经济建言献策，并对分享团体、分享企业进行认证审议。又如，2013年欧盟设立欧洲分享经济联盟，欧盟国家整合力量，统一发声，推动欧盟层面和成员国层面分享经济政策的开展。新加坡也建立了分享经济协会，其为联合分享经济领域的代表企业成立的商业协会，主要工作目标是为成员营造积极可信赖的行业环境，帮助成员发现机遇、处理挑战；提升公众影响，创造分享文化；加强社区联系，促进可持续发展。

第四，政府部门建立共享基础设施，革新采购框架。在建立共享基础设施方面，德国、法国、英国、韩国、美国的一些城市都进行了尝试，如德国街头出现公共图书馆、公共衣柜、"赠物箱"、公共物品柜等"共享式街头公益"活动设施；法国雷恩市和巴黎市政府、英国曼彻斯特、韩国首尔、美国均设立"开放数据"项目；美国、法国等国实施拼车、租车、公共自行车共享等普及措施，向社会传递经济、省时、环保等理念。革新政府采购框架方面，美国、英国政府均与平台分享经济的企业合作，美国密歇根州允许创业公司MuniRent致力于城市政府之间租借设备，以帮助提高政府能力；英国政府规定其官员在公务活动时，可以选择分享经济中的住宿和出行服务，英国税务及海关总署开发数字平台实现闲置的文具、办公用品、家具和IT设备的共享。

第五，加强在宏观政策方面的支持，如税费、资金政策方面的支持。在平台企业的发展过程中，政府为平台企业提供税收减免或者优惠政策，并鼓励民众参与到平台经济和分享经济的创业大潮中。如美国的一些城市，芝加哥、波士顿、波特兰等城市降低了共享车辆税率，用明确的市政法规条款区分了共享车辆和传统汽车租赁的形式和税率；英国政府在2012年投入2亿英镑促进P2P平台发展；法国巴黎政府投入400万欧元，帮助波洛利公司运营共享汽车等。

第六，加强从业人员培训，加强其基本权益保障。在平台从业人员的技能培训方面，日本走在前列，日本政府建立了技能提升计划，对非正规就业者予以财政补贴性培训。在权益保障方面，德国和英国政府在财政补贴、培训服务、工资报酬、国民保险覆盖等方面纷纷出台政策措施，要求对非全日制和全日制从业人员公平对待。

第六章

研究结论和政策建议

　　本章将对全书的研究进行总结，给出本书分析研究得出的主要结论，并结合我国的现实情况，对如何应对平台经济发展对就业产生的问题和挑战提出对策建议。

第一节　研究结论

一、平台经济理论形成于 21 世纪初，近几年备受关注

平台经济，是一个新兴的研究方向，涵盖了区域经济学、产业经济学、信息经济学以及交易成本理论等，属于一种前沿的理论范畴。国外对平台经济的研究始于 21 世纪初，由于一连串发生在美国、澳大利亚和欧洲的国际银行卡网络反垄断案件，引发了一场理论和实证的争论。2004年，法国产业经济研究所、政策研究中心联合主办"双边市场经济学"会议，在这次会议上平台经济的一般理论初具雏形。国内关于平台经济的研究，起步于 2006 年前后，一批学者在国外研究的基础之上，结合我国平台经济发展的特点，对我国的平台经济的发展模式做了初步的分析，提出"平台经济学"的概念和框架。2013 年徐晋针对当时学界过于注重平台产业的发展表象，对平台经济的解析多少显得有些局部化和片面化的缺点，重新梳理了平台经济理论，提出平台生态、母子平台、平台演化以及平台组织和平台心理等崭新的观点和理论，促进了平台经济学在我国的进一步发展。此后，平台经济学蓬勃发展。特别是近几年平台经济处于快速成长期，平台的类型不断增加，平台的功能不断丰富和完善。国内外很多学者关于其定义、特征或者某一个方面的特征、发展中的影响因素、对就业产生的影响等进行了深入研究，也得到社会各界的普遍认可。

二、平台经济是一种新的经营模式，国家从不同层面出台政策促进其发展

本书在前期研究和实地调研的基础上，将平台经济定义为：以互联网、云计算等新一代信息技术为基础，以多元化需求为核心，以虚拟或真实的交易场所平台为载体，全面整合产业链、融合价值链、提高市场配置资源的一种新型经济形态，是属于新业态的一种表现形式。具有互联网性、开放性、兼容性、权属变化性、市场灵活性、共享共赢性的特征。其发展历经了网页时代、平台时代、基于创新力的平台经济的分享时代三个阶段，目前正处于第三个阶段的时期。在这一阶段时期，我国的平台经济市场规模快速增长，主要互联网上市公司都是平台型企业，越来越多具有"平台经济"特征的企业不断创造着成功的传奇，从门户网站、网络游戏、各种电子商务到网上社区、第三方支付等不断创新。政府部门也高度重视其发展，在很多政策文件中都重点提出，加以关注。如国家层面的 2016 年的《政府工作报告》、"十三五"规划、党的十八届五中全会公报、《国务院关于做好当前和今后一段时期就业创业工作的意见》（国发〔2017〕28 号）、国家发展和改革委等八部门联合印发的《关于促进分享经济发展的指导性意见》（发改高技〔2017〕1245 号）、《关于强化实施创新驱动发展战略进一步推进大众创业万众创新深入发展的意见》（国发〔2017〕37 号）等；地方层面，如上海市、江苏省、湖北省等地也积极出台文件措施，规范促进平台经济的发展；此外，国家还具体针对平台经济涉及的主要行业，如移动出行、快递业等行业出台或者即将出台具体的管理办法，以补齐治理短板。

三、平台经济就业呈现新特点，平台经济发展对就业的正向激励大于负面影响

平台经济发展对劳动力市场带来深远的影响，越来越多的劳动者开始依托平台就业，与平台经济相伴相生的新就业形态从业者的规模不断上升。表现形式呈现多样化，主要表现为自主创业、自由职业、兼职就业、单位灵活雇佣。行业领域主要集中于服务业，既包括研发、金融、信息、物流等为代表的新兴服务业，也包括改造升级中的传统服务业；既包括生活性服务业，也包括与制造业相辅相成的生产性服务业等。群体分布的差异性较大，传统服务业中多为低龄的"两后生"或"40、50"等大龄劳动者；而新兴服务业中多以年轻、高文化和技能劳动者为主，就业观念和从业动因更多从自身志趣和职业发展、工作生活观念出发。另外，通过对平台经济就业（新就业形态）和灵活就业的比较分析发现，两者之间既有内在联系，又有本质区别；既存在共同的特征，又有明显的差异。课题组归纳总结了平台经济就业的新特点主要有：工作机会互联网化、工作任务项目化、工作方式弹性化、劳动关系多样化、劳动供给自主化。

平台经济发展对带动就业有正反两个方面的影响。从正面激励来看，平台经济发展更能带动就业增长、增加弱势群体的就业机会、促进劳动者技能水平的提升、促进非正规就业正规化；从负面影响来看，主要体现在旧岗位的替代消亡、职业缺乏可持续性、降低劳动关系的稳定性、劳动者社会保障面临诸多困扰四个方面。综合正负两个方面的影响来看，正面激励作用还是大于负面影响。基于此，课题组预测未来平台经济创造的就业岗位远远多于被替代的岗位，并且平台经济就业（新就业形态）与党的十八届五中全会和党的十九大提出的新理念、新论断是高度契合的，会进一步促进党的十九大报告中奋斗目标的达成。随着我国移动互联网技术的发展和国家提供的坚实基础设施支持，未来平台经济等新业态将朝着更

新、更多、更广泛的领域范围演变，新就业形态必将促进劳动力代际转换及就业观念与方式的转变，届时整个就业生态圈将产生革命性的变革。

四、平台企业劳动关系多样化，劳动用工呈现新特点

经济新业态催生了新的商业模式，目前对于新业态的经营模式分类应用比较广泛的是从供求主体上将其区分为 C2C、B2C、B2B、C2B、B2B2C 五种类型。本书在参考上述分类的基础上，结合用工主体、供需主体、服务类型等因素，将新业态企业的经营模式大体分为平台自营、新型共享、加盟合作、多元混合四种类型，其分别对应的劳动关系类型分为类传统型、去传统型、弱传统型、多元化型四种。根据不同劳动关系类型分别选取首汽约车、神州专车为"类传统型"代表、选取猪八戒网作为"去传统型"类型的代表性企业、选取京东到家作为"弱传统型"代表性企业、选取滴滴出行作为"多元化型"代表性企业进行案例分析。

通过上文的案例分析，在准入退出机制、任务发放、收入报酬及分配、绩效考核等方面呈现出与传统企业用工管理方式明显不同的特点。具体表现在：如工作准入退出灵活、工作自由裁量权大、劳动所得主要由平台规则决定、劳动者的绩效考核由平台管理。

五、平台经济就业、劳动用工等存在诸多难点，给政府监管提出挑战

平台经济发展下企业创新了经营模式，其企业定位、组织方式、员工关系等都需要进行全方位有别于传统型企业的调整，并且在带动就业方面，也是带来了正反两个方面的影响，这必然在就业、劳动用工等领域引发新的问题，带来新的挑战。通过分析，笔者认为主要存在以下几个方面的难点和挑战：第一，缺乏官方的统一定义，统计边界范畴不清。主要从理论界和工作层面两个方面说明平台经济的官方定义、边界界定、涵盖范

畴、统计口径、统计渠道等处于模糊地带，给具体就业工作带来困扰。第二，平台企业发展存隐忧，从业者职业缺乏持续性。大部分企业处于发展初期，尚没有找到成熟的商业模式和盈利路径，对平台企业持续运营造成不利影响，进而影响依托平台生存的就业者。第三，人力资本支撑不足，技能结构矛盾突出。人力资本技能发展的水平从根本上决定了新业态经济发展的程度和水平，而目前我国平台经济从业者总体上存在教育程度和技能水平不高的局限。第四，职业碎片化趋势明显，就业质量有待提高。平台经济就业使得职业呈碎片化趋势，工作与生活界限模糊。就业时间过长、收入不稳定的现状亟待改变。第五，现有利益格局和体制结构对新就业形态发展形成障碍。第六，权责关系确定困难，缺乏沟通协商机制。第七，难以享受基本权益，社会保障存在困扰。平台经济下各活动主体间的权责关系尚无明确的界定，责权利不清晰，一旦发生纠纷，容易涉及消费者、劳动者的权益保障问题。第八，与传统企业差异大，对政府监管提出挑战。与传统企业比较而言，平台企业具有很多新特征，而这些新特征和新变化也给政府监管提出挑战，如政府主动监察、政府预先做出从业人员民主参与制度的政策安排、完善异地服务以及经办服务流程等方面。

六、国外平台经济就业方式改变，对其劳动力市场产生不同影响

平台经济已经在全世界迅猛发展，涉及日常生活的方方面面。随着平台经济的盛行，平台经济就业的方式也发生了显著的改变。如在美国，从最初的汽车、房屋分享迅速渗透到金融、餐饮、空间、物流、教育、医疗、基础设施等多个领域和细分市场。其从业者的规模不断扩大，预计到2020年，美国的劳动大军中约有40%，大约6000万人为自由职业者、临时工或承包人。平台经济收入已经成为自由职业者重要的收入来源。在欧盟诸国，平台经济催生的新就业形态主要有九种：雇员共享、岗位分担、

凭单工作、临时管理、临时工作、ICT 移动办公、群体雇佣、组合式工作、协作模式。其对劳动力市场的影响各不相同，如雇员共享对劳动力市场的影响主要体现在降低管理和人工成本、帮助所在地区焕发活力、有利于劳动力市场的整合；岗位分担对劳动力市场的影响主要体现在整合和保留岗位、有助于解决当前劳动力市场失业者年轻化、工作人群老龄化的困境、增强业务的连续性和雇员的参与度，提高劳动生产率；临时管理对劳动力市场的影响主要体现在促进公司核心员工的知识增长、不会排挤其他的雇佣形式；临时工作对劳动力市场的影响主要体现在促进青年人或失业人员进入劳动力市场、推动新岗位的产生、工会担忧会影响基本权益的保障；ICT 移动办公对劳动力市场的影响主要体现在彻底改变了生产方式、消费和工作方式、提高对工作的满意度，提升企业的吸引力、为弱势群体提供进入劳动力市场的可能性；凭单工作对劳动力市场的影响主要体现在有助于创造新的就业岗位、提高工作的安全性；组合式工作对劳动力市场的影响主要体现在为老龄劳动力提供工作机会、提供个体经营基础上较为稳定的工作机会；群体雇佣对劳动力市场的影响主要体现在创造包容性劳动力市场做出贡献、为自由职业者提供良好的工作机会、避免质量上出现"逐底竞争"的机制；协作雇佣对劳动力市场的影响主要体现在有助于克服个体经营的障碍，扩大劳动力市场的参与范围、合作社创造高质量的就业机会，增强社会、经济和地区的凝聚力，并且创造社会资本。

第二节　认识和政策建议

以平台经济为代表的新业态蓬勃发展，将促进经济发展和社会进步，但面对新生事物给现实带来的挑战，我们应秉持乐观、包容、审慎的态度，为其发展创造良好的环境。但同时对其存在的问题和挑战也要保持清醒，力图加以解决。针对平台经济就业的特点及未来发展趋势，建议如下。

一、明确官方统一定义，划分清楚统计边界

以平台经济为代表的新业态在经济社会生活中的影响力已越发凸显，但与此同时新兴事物也面临着诸多的理论与实践问题，还需要政府、研究机构以及业内企业的共同努力、共同探索。首先，需要在实践调研的基础之上，统一学界的认识，定义新业态、平台经济等新名词，明确其特点，划分其范畴，把握其发展趋势，明了目前政府监管、行业自律存在的问题和挑战；其次，具体到工作层面的统计问题上，需要划清统计边界、所属行业、从业人员等，探索统计的途径和渠道。在这方面，虽然国家统计局根据党中央、国务院关于加快发展新产业、新业态、新商业模式的要求，为科学界定"三新"活动范围，满足统计上观察、测算"三新"经济活动发展规模、结构和质量等需要，于2017年3月印发了《新产业新业态新商业模式统计分类（试行）》，但是具体到人力资源和社会保障领域，新业态从业人员的统计工作还需要进一步的探索和研究。

二、加强规范引导，多措并举推动可持续发展

加强对以平台经济为代表的新业态经济的规范引导，政府可从硬件设

施和软环境两方面入手，为平台经济的发展提供物质基础条件和良好的发展软环境。具体而言，一方面加强信息基础设施和交通物流等基础设施建设。如加强建设以各地物流园区为枢纽、以物流配送中心为重点、以仓储网点为基础改建、扩建和整合物流节点与设施构建物流节点空间网络逐步形成相互配套、功能齐全的物流节点体系等。另一方面，规范市场竞争和市场秩序，构建公平、统一的各类要素市场。平台企业方面，引导各类平台企业建立可持续的经营和盈利模式，提高平台发展层次和转型升级。加大资本市场监管力度，制定和修改与风险投资相关的金融法规和政策。指导平台建立对入驻企业及产品、信息进行常态化审查管理制度，加强准入与交易、质量和信息等方面的安全保障，有效发挥行业协会自律管理作用。政府监管方面，加强政府管理和行业规范，建立政府管理、大众评价和行业自律的平台协同治理机制，推动社会信用体系和知识产权管理体系建设，为平台健康可持续运营创造良好的市场环境。防范新业态发展带来的各类隐患，化解新旧行业矛盾冲突，引导其健康发展，让参与者共享平台经济等新业态产生的财富，防止加剧贫富分化。

三、进一步深化市场改革，最大限度开发就业资源和机会

推进市场化改革，破除或降低各种行业和职业进入门槛，开放公共资源和服务领域，为企业和劳动者获得就业资源和机会提供制度保障。打破行业壁垒，引导新业态与传统行业融合发展。建立统一的市场规制，推动在传统和新兴部门间实行一致的市场进出、竞争、交易和仲裁等规则，营造传统与新兴、线上与线下主体间公平发展的良好环境。重视发挥新业态带动传统就业，特别是带动劳务型、低技能人员就业的作用，通过宣传引导、技能培训、劳务对接等方式，帮助传统行业劳动者积极适应、转入经济新业态和新就业形态，顺利实现转岗转业。

四、夯实人力资源支撑，破解技能结构矛盾难题

针对我国平台经济发展过程中存在的技能人力资本支撑不足，技能结构性矛盾突出的问题，课题组认为应该分三步走。

首先，摸清底数，探索运用大数据开展平台经济就业人员情况调查统计。探索引入社会力量的平台经济就业创业服务体系，设立线上线下相结合的从业人员管理服务平台。

其次，加强学校教育、职业教育等与市场的适应性，进一步推进培训转型。根据经济社会发展和技术进步，培育劳动者价值观念和技能技术，提高其依靠职业能力而不是岗位（铁饭碗）获得的就业稳定性和职业可发展性。建立终身教育账户，确保劳动者在需要的时候，能接受再教育以实现提升个人能力的机会。推进高等教育、职业教育等专业设置、人才培养模式与平台经济等新业态发展相衔接，推动新就业形态从业人员向知识型和技能型就业为主转型。

最后，改革人才评价、激励机制。通过制度改革释放现有高素质高技能人才的资本存量，鼓励更多高素质高技能的人才资源进入平台经济的新业态行业，特别是鼓励体制内各类专业技术人才从事创业、兼职等活动，鼓励其利用互联网技术，通过平台这个载体，加入平台经济、分享经济等新业态经济中去。

五、引导平台承担责任，发挥平台在协调劳动关系中的作用

针对以平台经济为代表的新业态发展过程中，由于平台企业责任不清而产生的诸多问题，首先需要引导平台企业认清其责任，并勇于承担相关的经济责任、监管责任、社会责任等。要积极引导企业认识到其承担各方面责任的主要原因：一方面，平台企业是经营行为的主要获利方，有责任

督促平台上的经营企业遵守国家的劳动保障法律法规、保障劳动者的基本权益；另一方面，平台相对于平台上的经营企业或从业人员居于绝对的强势地位，能够即时掌握平台上经营企业和从业人员的相关信息，包括交易量、现金流等，也可以通过登录准入、暂停交易、登录注销等方式制衡平台上的经营企业。只要将平台的监督义务法定化，就有可能改善平台上小微企业的劳动管理和守法状况。互联网平台在协调劳动关系中需要发挥相关的监督作用，如引导平台在收入报酬、劳动保护、社会保险和福利等方面承担必要责任；引导其维护和保障从业人员的合法权益，开展有关法律法规、职业道德、服务规范、安全运营等方面的岗前培训和日常教育；为从业人员提供基本的安全保障措施；在制定收入计算和分配规则时符合行业标准；对低于基本劳动标准的从业人员采取保护措施。

六、创新工会工作方式，完善沟通协调机制和民主参与机制

在新业态发展下，平台企业相对于分散的从业人员拥有绝对的强势地位，对平台规则具有绝对的话语权，而从业人员的内部组织化程度则越来越低，从业人员对平台规则只能选择接受或者不接受，无权表达自己的声音。面对这一困境，我国可以借鉴美国西雅图市 ① 探索 Uber 司机等共享平台从业人员通过建立工会的方式，保证从业人员与平台对话的权利的做法 ②，如创新工会工作方式，由全国或者地方总工会出面，从有较强诉求的平台从业人员中选取代表，与平台就规则制定、收入报酬、劳动安全保护等方面进行集体协商，签订平台集体合同；另外，强化从业人员的具体权责，组织平台从业人员在制定规章制度和决定重大事项过程中行使民主参与权利和话语权，保障该部分从业人员的劳动权益，同时积极参与平台企

---

① 柯振兴：赵小兰被提名交通部长，对 Uber 有利？美国劳动法观察，2016 年 12 月 6 日。
② 美国西雅图市发布 Uber 司机成立工会的草案，允许在三个月内至少有 52 次打车服务的 Uber 司机有权利就是否成立工会投票。

业有关法律法规、职业道德、服务规范、安全运营等方面的岗前培训和日常教育，配合企业发展规划，为新业态经济的良好发展贡献自己的力量。

七、研究多元化保险办法，探索适应新特点的社保工作机制

鉴于目前社会保障体系在身份、地域方面的限制和新业态的发展之间的矛盾困境，建议有条件地、逐步放宽非户籍新业态从业人员参加当地养老、医疗保险，以个人身份跨户籍所在地参加失业保险、工伤保险。如借鉴劳动力输入省份广东省的经验，外省户籍灵活就业人员在广东省实际缴纳企业职工基本养老保险费累计满 10 年，且在最后参保地实际缴纳企业职工基本养老保险费累计满 5 年的，可在最后参保地参加企业职工基本养老保险。在医疗保险方面，为了避免加大就业地社保资金的支付压力，需要就业地加强监管，可借鉴国外将灵活就业人员通过团体保险、行业协会或社区集体参保的思路，以平台企业为缴费单位，为新业态企业的从业人员在就业地集体参加医疗保险。在工伤保险方面，探索建立新业态从业人员职业伤害的保险办法，规避新业态从业人员工伤认定难、用人单位主体责任缺失等问题。可尝试在一定程度上降低新业态从业人员的工伤保险费率，减轻其缴费负担，同时也减轻工伤保险部门的管理成本和难度。另外，鉴于新业态从业人员收入不稳定而影响其参保的问题，可以尝试探索将个体、灵活就业人员缴费基数适当下调，实行可供选择的弹性缴费基数。继续完善养老金计发办法和个人账户记账利率，更加体现多缴多得、长缴多得的政策激励机制，激发新业态从业人员参保的积极主动性。

此外，在工作机制方面，我们也需要与时俱进，创新经办服务，探索面向新业态从业人员的工作机制。首先，完善新业态从业人员的社保登记办法和统计制度。加快探索研究新业态从业人员的界定标准、参保登记办法以及就业统计指标等，以便于及时掌握新业态就业人员的就业、收入、社保等基本情况。其次，以互联网为基础，提高经办服务质量，探索面向

新业态从业人员的社保代缴服务。互联网是新业态发展的主要原动力，要探索适应新业态特点的社保体系也必须以互联网技术为依托。加快建立柜台服务、自助服务、网上服务"三位一体"的社保服务体系，提高经办服务质量。针对新业态从业人员在社保代缴方面的需求量大等问题，探索建立社保代缴服务的专业机构，为新业态从业人员进行社保代缴，规避现在网上不正规的代缴企业存在的风险。最后，做好社保关系的转移接续，确保新业态从业人员的合理正常流动。如提高网络平台的利用率，实现社保关系转接接续的规范化和电子化。在现有基础上完善养老保险等关系转移接续政策，加快全国统一的基本养老保险信息系统建设，杜绝重复参保和领取待遇，为参保人员提供方便快捷的服务。在医疗保险方面，以互联网为基础，搭建全国性异地就医的网络平台，建立明确统一的医保关系异地转移接续的程序。

附件一：

完善适应新业态特点的劳动用工和社会保障制度相关问题研究文献综述

伴随着互联网技术的全面普及以及云计算、大数据等技术的进步，一些新型的商业模式应运而生，由此形成的互联网新型业态层出不穷。国外关于经济新业态的研究始于 21 世纪初，我国稍晚。但时至今日，对于经济新业态的理论和实践的研究仍然是国内外专家学者关注的热点和前沿领域。课题组从经济新业态的发展及特点、经济新业态劳动用工现状、社会保障制度相关研究三个方面对国内外相关研究进行梳理。

一、关于经济新业态的发展与特点

关于经济新业态的研究，是一个新兴的研究方向。它是基于某一种意义进行的具体分析，对传统的经济理论进行了颠覆与改革、优化与升级。搜索中国知识资源总库 CNKI 有关经济新业态的学术期刊、学位论文和重要会议论文共有 4380 篇，从 2000 年的 11 篇发展至 2010 年的 157 篇，再到 2016 年的 1394 篇，这说明近两年来关于经济新业态的研究成果数量急剧上升。一些研究机构、研究学者主要探讨了经济新业态的内涵、应用现状、存在问题和发展前景。

（一）新业态的概念研究

"业态"一词最初出现于 20 世纪 60 年代，来源于日本的零售行业。日本学界普遍认为业态是以服务为手段的销售方式或营业形态。在最初的英文翻译中也译为"type of store""store format"和"store concept"。之后，这一词语被赋予了更广泛的定义，如铃木安昭（1980）将零售业态的定义扩大到企业内在管理的层面；兼村容哲（1993）从广义和狭义两个层面来定义销售业态，他认为业态除了从店铺和销售的角度来定义，还包括消费者无法直接接触到的运营模式、经营形态及企业形态等。由此，广义上的业态定义形成，它强调了业态是外在实体形式和内在经营理念的统一。我国国内有关业态的文献研究中，沿用了日本学者关于这一词语的定义，普遍认为业态是为满足不同消费需求而产生，是一种与企业商业模式相关的经营形态或运营形态，常用的英文翻译术语有"pattern""form""activity"，常用的是"format"，用"格式、模式"的意思来表达业态之意，体现了业态的经营形式的含义。是从广义范畴进行的定义。

随着互联网经济的发展，越来越多的新的商业模式、经营形态如雨后春笋般出现，"新业态"一词应运而生。从经济新业态的定义和内涵而言，学界普遍认为经济新业态是一门新兴的事物，至今还没有统一的、明确的权威界定，但基本有一个大致的共识，即基于互联网经济平台而产生的新的经营形态或运营形态，是对传统业态的颠覆与改革、优化与升级，新兴的平台经济、共享经济、众包经济、众筹经济都属于它的范畴。

具体而言，平台经济[①]是指一种虚拟或真实的交易场所，平台本身不生产产品，但可以促成双方或多方供求之间的交易，收取恰当的费用或赚取差价而获得收益。其特征有集聚辐射性、专业独特性、开放拓展性、共享共赢性、快速成长性。从宏观角度来看[②]，平台经济具有推动产业持续创新、引领新兴经济增长、加快制造业服务化转型和变革工作生活方式等作用，是一种重要的产业形式。共享经济[③]是指社会中的个人通过互联网信息平台将自己占有的某种资源分享给他人并获得经济回报的商业模式。其

---

① 百度百科。
② 安宇宏．平台经济 [J].宏观经济管理，2014（7）：86.
③ 孙柏．共享经济背景下互联网专车服务的政府规制问题研究 [D].上海师范大学，2016.

具有以下特征：以使用权为核心；商品或服务的生产者和消费者边际模糊，产销者出现；传统的商业模式多为由商业机构向个人提供服务；共享平台只是一个信息流通与匹配的中介平台，向供需双方提供信息。众包经济模式①是指一个公司或机构把过去由员工执行的工作任务，以自由自愿的形式外包给非特定的（而且通常是大型的）大众网络的做法模式，如猪八戒众包平台是我国众包模式应用的一次较为完整正式的探索，类似还有威客中国、微差事、人人猎头等。众筹经济②是指大众筹资或群众筹资，中国香港译作"群众集资"，台湾译作"群众募资"。由发起人、跟投人、平台构成。具有低门槛、多样性、依靠大众力量、注重创意的特征。

相关的英文缩写名词有 P2P（个人对个人）、O2O（线上线下互动）、B2C（商对客）、B2B（企业对企业的电子商务模式）、C2C（个人与个人之间的电子商务）、P2C（商品和顾客，中间没有任何交易环节）等。

（二）新业态的发展研究

新业态经济从出现之后，近几年可谓迅猛发展。从涉及的行业看，新业态经济在全行业渗透，如农业、旅游业、文化产业等，尤其在传统零售业和本地生活服务行业表现明显，主要涉及的行业有生活服务行业、交通服务业方面、餐饮外卖行业、快递业等。

具体而言，生活服务业方面，刘艳飞、王振（2016）③分析了"互联网＋"条件下健康服务业新业态，提出完善标准化的基础信息数据库，建立可操作的质量监督和评估；刘鹏（2012）④研究了 O2O 本地生活服务电子商务模式，涉及模式分类、案例分析和发展趋势等多个方面。交通服务业方面，大众"出行"的商业需求在全球造就了诸如美国 Uber、印度

---

① 百度百科。
② 钟超 . 中国众筹平台的羊群行为研究——基于众筹网的实证分析 [D]. 南京大学，2015.
③ 刘艳飞，王振 ."互联网＋"条件下健康服务业新业态研究 [J]. 改革与战略，2016（11）：151-154.
④ 刘鹏 .O2O 本地生活服务电子商务模式研究 [D]. 北京邮电大学硕士学位论文，2012 年 11 月 .

Autowale、日本 Linetaxi、英国 Hailo 和中国滴滴出行在内，成长迅猛的交通服务企业，该行业已经成为新业态发展的风向标，受到广泛关注。孙柏（2016）[1] 主要从判断互联网专车服务的合理性出发，进而探讨如何规制互联网专车服务，充分挖掘该商业模式的社会价值。郭亮（2016）[2] 通过对 Uber 公司的经营模式研究进行研究和梳理，归纳总结其在共享经济理念指引下国际经营的可取之处，并探寻其对我国新兴交通服务行业国际化经营的借鉴意义。餐饮外卖行业，钱广（2016）[3] 聚焦了外卖行业的众包物流模式，指出众包物流有利于提高配送效率、降低人力成本，但也面临监管不完善、服务质量不高等问题。高煜欣（2014）[4] 等将我国餐饮业 O2O 划分为团购网站模式、线上订餐模式、餐饮企业自建模式，并比较三种模式的优势和劣势。快递业方面，平台经济的发展激发了巨大的快递服务需求。自 2006 年至 2015 年十年间，我国的快递业务量增长了近 20 倍，规模跃居世界第一，全国快递从业人员总数保守估计超过 100 万人 [5]。陈宾（2016）[6] 基于 VAR 模型的动态实证分析，分析了电子商务与快递业的互动关系，提出电子商务应进一步发挥对快递业的引领作用，积极拓展两业互动协同的发展空间。倪玲霖（2014）[7] 探讨了物联网置入快递业的机理与方案探索，以改善整个社会的物流运作效率，提升快递业整体形象。

二、关于经济新业态劳动用工现状研究

新业态的发展为个人、家庭及合伙组织等非法人主体参与经济活动提

① 孙柏.共享经济背景下互联网专车服务的政府规制问题研究 [D].上海师范大学，2016.
② 郭亮.UBER——新兴交通服务业公司的经营模式分析 [D].北京林业大学，2016 年 6 月.
③ 钱广.外卖 O2O 行业的众包物流模式 [J].经营与管理，2016（5）.
④ 高煜欣，朱文燕等.中国餐饮业 O2O 平台分类比较与启示 [J].商业时代，2014（33）.
⑤ 2016 年中国快递行业发展现状及发展趋势预测 [N].中国产业信息网，2016 年 6 月 20 日，http://www.chyxx.com/industry/201606/424773.html.
⑥ 陈宾.电子商务与快递业的互动关系研究——基于 VAR 模型的动态实证分析 [J].福建师范大学学报（哲学社会科学版），2016（1）：63-82.
⑦ 倪玲霖.物联网置入快递业的机理与方案探索 [J].中国流通经济，2014（1）：38-42.

供了史无前例的条件和机遇，也对传统的劳动用工形式提出了挑战。

（一）新业态劳动用工的现状和特点

对新业态经济从业者的研究方面，赶集网于 2014 年发布了《2014 年 O2O 自由职业者分析报告》，利用网站大数据从人群特征、生存现状和职业发展方向三个方面研究了该行业从业者的基本情况。现有研究普遍认为新业态下的劳动用工形式与传统的劳动用工不同。一些学者借鉴自雇劳动者、自由职业者、兼职人员、灵活用工、虚拟员工、轻雇佣、零工经济（gig economy）等概念整体描述平台上从事服务的劳动者和劳动用工形式。如 蒂娜·布朗（Tina. Brown，2009）[1] 首次使用零工经济描述新业态下的经济形态，并将其界定为由工作量不多的自由职业者构成的经济领域，从业人员主要与网站或应用程序签订合同。阿里研究院（2016）认为新业态下就业呈现工作与职业边界模糊、工作与雇佣逐渐分离的特征。在美国，从业者以独立供应商的身份填报 1099 表来申报纳税收入，不是由平台企业以雇主身份为其填报 W-2 表，因此一些媒体将共享经济、零工经济、碎片经济等通过平台联系服务需求者与提供者的经济形态称之为"1099 经济"[2]。唐镰、徐景昀（2016）[3] 提出共享经济缔造的 P2P 用工模式下，从业人员就业呈现个人工作闲暇一体化、工作时间碎片化、工作空间任意化的特点。涂永前（2015）[4] 认为随着平台经济的发展，新型的自雇劳动者大量涌现，在对自雇劳动者的概念以及维护其权益的法律渊源进行研究的基础上，提出借鉴国外自雇劳动者的有关政策完善我国相关政策和法律保障。

---

[1] Tina Brown. *The Gig Economy*[N]. The Daily Beast, 2009.1.12.

[2] 虎嗅网. 劳工问题：共享经济的阿喀琉斯之踵 [N]，2015 年 11 月 7 日，http://toutiao.com/i6214180766075585025/.

[3] 唐镰，徐景昀. 共享经济中的企业劳动用工管理研究——以专车服务企业为例 [J]. 中国工人，2016（1）：16-25.

[4] 涂永前. 大众创业时代亟须完善自雇劳动者的政策和法律保障 [N]. 法制日报，2015 年 12 月 16 日.

（二）新业态经济对劳动用工的影响研究

新业态经济下的劳动用工形式与传统的劳动用工不同，其面临着责任界定、政策监管等诸多难点。从平台企业方面来看，其法律地位和责任界定不清；从从业者个体来看，新型劳资关系、从业者和平台的税收征缴等都无明确规定，这样的就业模式也增大了个体从业者所面临的市场风险，包括收入不稳定、需求变动冲击、价格变动冲击、无就业保护等。

针对这种情况，也有一些学者从新业态经济对劳动用工的影响方面着手进行了研究。如王文珍、李文静（2016）[①]通过对平台经济的研究，发现平台经济发展降低了劳动关系的稳定性，极易引发劳动争议甚至群体性事件。平台经济下的劳动关系整体灵活化趋势对传统企业劳动关系形成比对效应，全新的绩效评估理念给部分劳动法规的应用增添了难度，异地服务的普及对劳动争议处理制度提出了新的挑战。唐镳、徐景昀（2016）[②]以专车服务企业为例，认为在新业态经济的影响下，带来一系列的企业用工问题，其中最突出的问题就是如何界定并规范专车司机与共享经济企业之间的劳动关系问题，并提出需要政府提出与之配套的政府监管模式，同时还需要行之有效的行业自治制度。

自美国加利福尼亚州发生的两起 Uber 司机与平台的劳动纠纷案件以及北京 e 代驾确认劳动关系案等争议案件发生以来，关于共享经济等互联网新业态经济下平台与从业人员之间劳动关系的认定问题引发了世界范围内的探讨。很多研究者认为新业态的从业人员和企业之间的用工关系不明确。如高彦荣（2016）[③]通过从专车产生的影响、专车运营合法化面临的问题入手，提出专车司机用工关系不明确。由于专车的法律地位目前尚未明

---

① 王文珍，李文静 . 平台经济对我国劳动关系的影响 [J]. 人力资源和社会保障部劳动科学研究所研究论坛，2016（1）.

② 唐镳，徐景昀 . 共享经济中的企业劳动用工管理研究——以专车服务企业为例 [J]. 中国工人，2016(1).

③ 高彦荣 . 专车合法化问题研究 [D]. 西北大学，2016 年 5 月 .

确，在案件审理过程中，对于此类案件劳动用工法律关系亦存在争议。一部分学者认为现行的新业态下的从业者与企业之间是一种新型的用工关系，应在深入分析平台性质和特征的基础上，对平台与从业者之间的用工关系进行判定。例如，沈斌倜（2015）[①] 认为应该在深刻理解"互联网 +"的思维和特点的基础上，具体分析新业态下的劳动关系认定案件，而不能搞一刀切。苏庆华（2015）[②] 在对传统出租车行业用工和互联网专车用工进行比较的基础上，认为两极化的法律标准和管理模式需要修正，否则不能反映互联网背景下用工复杂多样的现实情况。朱海平（2016）[③] 通过对中美网约车相关案例的剖析，对中美关于司机与网约车平台用工关系的不同认定标准分析，认为如果一概将网约车平台和从业者之间认定为劳动关系，则会阻碍网约车行业的发展。

三、关于经济新业态社会保障制度研究

近年来，随着新技术和新业态的发展，传统意义上的市场运行方式发生改变，社会保障制度方面也需要改革去适应新技术和新业态，同时还需要思考如何建立适应这种新业态经济的要求的社会保障制度，如何找到从业者和新业态企业之间的平衡。相关研究学者认为针对新业态下社会保障制度存在的问题，不能沿用传统的社会保障制度框架来约束新的用工模式，需要创新社会保障体制，创新管理方式，加强已有制度的包容性。

如美国前弗吉尼亚州长、民主党参议员马克·沃纳（2015）[④] 认为分享经济的平台企业随着发展已经不断调整用工策略，一些企业开始允许劳动

---

① 沈斌倜. 从"滴滴"打车的劳动用工模式看"互联网 +"新形势下的劳动关系认定标准 [EB/OL].http://www.lawtime.cn/article/lll833344838438oo389776，2015 年 12 月 8 日.
② 苏庆华. 纠结的关系——互联网 + 背景下的出租车行业用工关系问题探讨 [J]. 中国人力资源开发，2015(22).
③ 朱海平. "网约车"用工法律关系研究 [J]. 福建法学，2016（3）：3-10.
④ 虎嗅网. 劳工问题：共享经济的阿喀琉斯之踵 [N]，2015 年 11 月 7 日，http://toutiao.com/i6214180766075585025/.

者根据自身情况选择所属的身份，而不是统一规定劳动者属于独立供应商身份。马克·沃纳还提出应建立介于雇员与独立供应商之间的第三种劳工类别——从属供应商，其在德国、加拿大已有类似的经验做法①。李天国（2015）②在回应《中国劳动保障报》记者关于O2O模式下的参保问题时，提出大多数新业态下的从业者没有参加社保，这些年轻人在遭受职业伤害之后的医疗康复、社会养老等问题突出，提出通过调整政策，简化实务，创新参保方式等渠道逐步解决。曾湘泉（2016）③认为，面对共享经济等新经济基础上的新型用工模式，在传统劳动力市场背景下所发展起来的劳动合同制度、工资支付制度、加班管理制度、劳动争议处理制度、社会保障制度等，都需要在新的形势下重新思考和构建。丁元竹（2016）④基于对国内外互联网"专车"的调研与反思，认为政府管理部门、平台企业、员工都没有为即将到来的新的经济秩序做好准备。近几年由于社会保障基金逐年增加，企业已经不堪重负，需要发展和完善共享经济需要创新社会保障体制。张维（2016）⑤则从专车司机与平台是新型劳动关系的角度出发，认为我国现行劳动法律制度未正式确立弹性用工关系和全面的合理区别对待制度，建议应该健全完善自由职业就业统计监测体系和公共服务体系，进一步完善社保制度，增强灵活就业人员的制度保障等。

四、简单评述

通过上述对于新业态概念及其发展、劳动用工的现状特点、影响研究

---

①　德国提出"类劳动者"，意大利提出"自治劳动者"等。

②　王永.回应O2O模式下的参保呼唤[J].就业与保障，2015（10）.

③　曾湘泉.变化中的中国劳动力市场：挑战、趋势与展望[R].中国劳动经济学会年会论坛，2016年11月19日.

④　丁元竹.推动共享经济发展的几点思考——基于对国内外互联网"专车"的调研与反思[J].国家行政学院学报，2016（2）：106-111.

⑤　张维.劳动法学界：专车司机与平台是新型劳动关系，建议专门立法[EB/OL].法制网，https://www.thepaper.cn/newsDetail_forward_1463211,2016年4月30日.

以及对社会保障的影响研究综述，有一些简单的想法，整理如下：

第一，新业态的出现和发展是生产力发展到一定阶段的产物，是历史进程中的必然。随着"互联网+"的不断发展，会有越来越多的新的商业模式、经营形态出现，如大家熟悉的平台经济、共享经济、众包经济等等。这种新模式不仅影响到企业的生产，而且润物细无声地进入人民群众的生活中，当然这种经济新业态也是今后发展的趋势。新业态的发展已经引起了学界、政府、社会各方面的高度重视。

第二，国外对于新业态的研究早于我国，但是这种早也是一种相对的，他们的开始研究也是出于出现了平台经济/共享经济发展过程中的案例纠纷需要去解决，可以说其对于新业态的研究和解决问题可供援用和借鉴的经验也很有限，在面对解决这一类问题上，我国探索空间大有可为。

第三，新业态属于新生事物，与其说我们关注的是其就业问题，不如更深层次地将其归纳为从业人员的劳动关系和社会保障问题。新业态企业在劳动用工的模式、劳动关系认定、员工的社会保障等方面都发生了改变，要是再用传统的观念去定义、去管理，显然存在很多不合理不合规之处，不仅企业在执行方面很难，而且员工的基本权益也很难保障，这就给政府的治理提出了挑战。

第四，从整体来看，现有研究仍处于摸索阶段，无论是概念界定、行业监管、劳动用工规制等都尚未形成定论，仍需根据新业态的发展情况不断追踪研究；另外，现有新业态下的劳动用工有关研究虽然指出了其用工模式与传统模式不一样，但研究案例单一，研究领域不多，主要集中在交通出行、外卖餐饮等行业，而对其他行业的研究还比较欠缺，与新业态在多个行业的实际发展不相符合。因此，有必要进一步对符合新业态特点的劳动用工和社会保障进行研究，以便对新业态下的劳动用工形成较为全面的了解。在此基础上，才能提出完善适应新业态特点的政策建议，才能更好地释放新经济活力。

我国部分地区新业态发展带动就业的现状研究

——基于部分省市书面调查资料

为了进一步了解清楚在我国经济新常态下，我国部分地区平台经济发展带动就业的现状，根据产业发展特点和就业形势情况，课题组选择厦门市作为实地调研地点，并结合其他部分省份（上海、江苏、山西、辽宁、黑龙江、浙江、安徽、福建、山东、广东、湖南、云南等省市以及福州、苏州、成都、贵阳四个地市）的书面调查资料，试图探索我国平台经济发展带动就业的现状。

一、当前新业态经济发展及从业人员的基本情况

据各省市负责人反映的情况来看，目前各省市就业形势总体平稳，新业态经济蓬勃发展，主要形式包括平台经济、共享经济、众包经济等，比较典型的共享单车、共享汽车、网红现象、众创空间等在各地蓬勃发展。直接或间接带动新业态从业人员的数量不断增加，并且从未来发展趋势而言，从业人员的规模有不断上升的趋势。

福建省 2017 年上半年就业形势总体平稳，城镇新增就业 28 万人，登记失业率 3.87%。市场用工需求平稳，高峰期缺工 10 万—15 万人，节后 9 万人。节后返岗率高，比去年同期高 1 到 3 个点。由于产业转型，推进市民化的进程，高峰期缺口减少了 50%。福建省当前就业基本面发生变化，经济处于工业化后期，低成本的优势丧失，传统就业岗位流失。新业态正在发展培育过程中，虽然提供了大量就业岗位，为就业做了很大贡献，但

由于尚不在就业统计体系内，所以数据基本处于缺失状态，下一步需要在政策方面进行跟进。

山西省就业总体稳定，目前有"3720 行动计划"，就业也是其中之一。2017 年 1—5 月完成城镇新增就业 23 万人，占总任务的 51.11%。灵活就业人员 35 万人，调查失业率 5.99%，一般比全国高一个点。市场岗位比去年多 17 万个岗位，增长 38.7%；求职人数增长 19%，求人倍率 0.88，是历年最好的成绩。本省的经济主要靠煤炭，今年煤炭价格好，经济向好。新业态经济在本省发展属于萌芽阶段，主要表现形式为共享单车，等等。主要是商务厅主抓，但是职工的管理是人社部门主管，人社部门主要通过就业服务了解其就业变动的情况。

辽宁省就业形势基本稳定，2017 年 5 月末城镇新增就业 23.3 万人，完成全年任务量的 58.2%；城镇登记失业率 3.42%，同比下降。主要原因在于：一是春节结束返工潮带来的就业。二是经济形势好转，政策红利释放。灵活就业增长带动就业多。三是加大就业失业登记力度，网上登记，提高效率。办理就业失业登记证作为享受政策的前置条件。辽宁省在新业态就业的统计中，计划把新业态就业的指标放在灵活就业的指标一类，这样有利于掌握新业态就业的发展动态，但在实际对新业态就业的了解中，发现其无劳动关系，真实的就业状况很难掌握，这种隐形就业有转化为隐形失业的可能性。

黑龙江省就业总体平稳，但就业形势复杂严峻。1—5 月基本与去年持平，登记失业率 4.34%，新增就业一产、二产下降，三产大幅增加。灵活就业上升，就业稳定性差。供求方面，岗位增加，求职人数减少，求人倍率 0.99。总量压力有所缓解，经济活动人口每年增加 100 万人。2013 年开始总人口减少。连续 11 个月岗位流失，分布在四煤城。流失率高的行业有产矿业、居民服务业、电力热力等。滴滴打车等新就业形态在县城没有，全省滴滴平台共 10 万人，其中 3 万人是去产能职工，建议出台促进新就业形态发展的相关政策措施。

山东省就业总体平稳，稳中有压。登记失业率在 3.5% 以下。从重点群体来看，高校毕业生保持稳定，突破 60 万人，去年总体就业率 64.14%；去产能职工安置 122 家，需要安置 19 万人，没有发生群体性事件。结构性压力突出，高学历高技术人才需求旺盛；去产能职工安置压力大。建议适应新形态完善统计体系，反映产业行业数据；适时开展就业率、失业率的调查。

广东省就业稳中有进，稳中向好。城镇新增就业 60.04 万人，登记失业率 2.41%。求人倍率 1.09，同比上升 0.01。生产经营状况平稳，返岗率 90%，流失率 10.6%，下降了 1.9 个百分点。今年高校毕业生 56 万人，加上往年离校未就业毕业生总共超过 80 万人，就业率保持 94% 以上。其中，面向基层就业占 88.51%，自主创业 1.7%，集中于信息产业、节能环保产业。新就业形态方面的统计很缺乏，需要对新形势新业态进行统筹，推动就业统计制度改革，面点结合。

浙江省就业平稳增长，城镇新增就业 44.88 万人，主要受经济向好的影响。企业用工需求增加明显。1—5 月平均 44 万人，同期增长 17%。用工监测企业增长 3.07%。缺工企业的比例占 18%（以往 40%），缺工率 1.22%（以往 4%）。下一步重点推动工作：一是围绕政策重点推进促进创业创新。二是摸索新就业形态。现正处于新业态摸索阶段，电商直接带动就业 200 万人，间接带动就业 500 万人，特别是农村电商延伸至农村。三是推动大众创业，创业孵化基地，增加残疾人的创业基地；扩大对奇思妙想创业宣传，典型人物播出；开展第三届创业大赛，电商创业培训。四是做好高校毕业生工作，贯彻落实 46 号文。五是困难人员，涉及认定工作（以前九类人，现在可能三类）。六是稳定就业、风险防范，去年支出 10 亿元，稳岗政策继续推进。

安徽省上半年就业形势持续向好。登记失业率 3.2%；动态监测总体平稳，求人倍率 1.29。主要得益于以下几项：经济持续向好，GDP 增长

8.4%；发展环境好；制度优势发挥；政策措施保驾护航（就业脱贫工程、就业扶持工程）；服务手段创新。安徽灵活就业人员占9%，数据库中数据都包括，可以抽调。创业数据可从工商数据中调出。

湖南省就业形势基本稳定，稳中向好。市场监测稳中有升，经济企稳回升与就业稳中向好同向。改革深入与创新创业同利。与移动通信合作，进行大数据分析。建议在指标体系中建立模型，综合运转起来。

云南省就业形势稳中有忧，签约率基本持平，主要由于经济增速9.9%的向好的影响，党委政府重视就业工作。

江苏省召开全省"互联网+"创业推进会，出台支持农村电子商务创业就业意见，将线下实体企业支持政策拓展到线上电商企业。大力支持电商创业园建设，及时落实水电、网络等基地运营补贴，并将电商创业园作为省级创业示范基地优先发展对象，省财政给予最高100万元的一次性奖励补助。加快完善支持电商创业政策，已进行工商登记注册的网络商户，同等享受各项就业创业扶持政策；未进行工商登记注册，但在网络平台实名注册、稳定经营且信誉良好的网络商户，给予创业担保贷款及贴息，从业人员被认定为灵活就业人员，享受相应扶持政策。加强电商人才培养，每年举办1—2期电商专业技术人才省级高研班，组织实施电商培训专项计划，大力推广"创业培训+电子商务"培训模式。据调查，泰州、宿迁等地网络创业人数已占到全部创业人数的近50%。

上海市积极打造"乐业上海"服务平台，"乐业"服务成了上海公共就业服务机构在创新服务供给方式、拓展全新服务领域、提升专业化服务水平方面的有益探索。上海市统一设计品牌标识、统一建设信息平台、统一冠名服务活动，统一打造"乐业上海"品牌形象。同时，夯实推进"乐业上海"品牌服务项目，针对重点招聘单位提供快速响应服务，面向用人单位提供劳动用工专项服务，推广普及法人一证通自助经办平台，提供来沪人员灵活就业登记专项服务。开展推进"乐业上海"系列服务：一是搭建"乐业系列"服务载体；二是打造"乐业六区"服务空间；三是开展"乐业百千万"服务活动。为了更好地服务群众、服务社会、支持决策，防止部分社会机构发布的失实信息误导舆论，上海人社部门统筹规划、总体设计，充分利用大数据资源和技术，《乐业报告》真实还原就业情况，社会影响力不断扩大。

二、当前就业形势面临的主要困难和最大的风险点

（一）定义不明，统计边界不清

平台经济属于新业态的一种变现形势，新业态在生活中可能不属于新鲜事物，我们在具体的生产和生活中都接触过。但是，要具体到对其边界界定、准确定义、涵盖范畴、统计口径、统计渠道等，不管从学术界还是到实际运用管理界，都还没有一个统一的定义或说法。就研究领域而言，新业态尚属于新鲜事物，对其研究时间不长，也没有具体的、明确的、统一的定义，只是有业界大致的共识。就具体工作层面而言，在座谈会上的大部分部门和个人都认为其定义不明确，对其具体存在的形态不是很清楚，从其最基础的统计工作到监管工作都存在模糊地带，易给其工作造成一定的影响。希望有关部门尽快给出相关定义说明、概念范畴、统计方式、统计渠道等。

（二）高端人才相对不足，缺乏引进政策

在课题组召开座谈会期间，福建省提出了电商企业缺少高学历的精英人才，导致电商行业在引进这些人才的时候存在政策盲点，无法引进急需的人才。当然，人才的结构性矛盾也不仅仅存在于电商企业这一类型当中，这是一种普遍现象，而非个别现象，电商企业仅仅是新业态企业的一个代表。与普工难招聘相比，近年来"技工更难招"成为企业反映更普遍、更强烈的问题。

（三）缺乏公开透明有序获知的渠道

宣传作为一种沟通政府与企业、企业与消费者之间的桥梁，在现代社

会中的重要作用已经不言而喻。特别是在"互联网+"时代，人们获取信息的渠道比之前要多，政府需要对意识形态的发展走向进行引导。然而在现实中，基层的政府工作人员、企业主、员工主体个人，都对"新业态"这个词一知半解，没有一个全面的判断和认识。究其原因，主要是因为缺少对新业态公开、透明、有序、合理的宣传平台，个人能看到的信息大多是碎片化的，甚至有的是容易被误导、被曲解的信息。有鉴于此，政府有必要在新兴事物出现之初，密切关注市场群体的需求，搭建有效的沟通、宣传渠道，一方面促进新事物的发展，另一方面满足人民群众对新信息的获得和感知。

（四）平台企业劳动关系认定标准亟待出台

从平台经济出现之后，平台经济从业人员对于劳动关系的新型争议案件也屡见不鲜。通过研究发现，凡单纯诉求确认劳动关系的案件，裁判结果通常支持非劳动关系主张；倘若案件涉及工伤认定和赔偿，裁决结果往往认定存在劳动关系。总之，关于案件的审判结果都和劳动关系的认定呈现较强的相关性。但是具体到新业态企业的劳动关系认定方面，首先没有任何标准可言；其次劳动关系认定标准本身存在弹性，容易导致不同理解。这就给用人单位、劳动者责任界定方面造成一定的影响。因此，建议相关部门尽快出台新业态企业劳动关系认定的相关标准，以规范用人单位和从业人员的行为。

（五）从业者的职业发展不明、可持续性较差

在座谈会上，有些地方的负责人反映，在目前新业态的发展过程中，新业态从业人员存在职业发展不明、可持续性较差的问题。如目前大部分创业者进行一项新业态的创业活动，第一步就是吸引风险投资，与此同时后期的市场调研、客户维护、服务措施没有跟上，而当资金烧完，也就是项目失败之时。另外一个典型的职业就是微商代理人，当代理的产品销路不好，或者由于各种原因微商号遭到封闭之时，从业者的这个微商代理人的身份也就没有了，更谈不上职业的上升渠道和可持续发展。因此，这些人员的就业失业

状态政府相关部门也很难统计，更谈不上进行政策扶持。

三、对平台经济发展的意见和建议

结合各省市提出的风险点和困难，课题组也针对性地整理了他们提出的意见和建议。

（一）明确定义新业态，划分统计边界

平台经济是一种综合性极强的新兴经济现象，其在经济社会生活中的影响力已经越发凸显，但与此同时新兴事物也面临着诸多的理论与实践问题，还需要政府、研究机构以及业内企业的共同努力、共同探索。首先，需要在实践调研的基础之上统一学界的认识，定义新业态，明确其特点，划分其范畴，把握其发展的趋势，明了目前政府监管、行业自律存在的问题和挑战；其次，具体到统计问题上，需要划分清楚统计边界，探索统计的途径和渠道。

（二）加强规范引导，推动平台经济可持续发展

加强信息基础设施和交通物流等基础设施建设，为新经济发展提供物质和技术基础条件。加快网络信息安全、社会信用体系等基本制度建设，规范市场竞争秩序，构建公平、统一的各类要素市场，为新经济发展提供良好的软环境。引导各类平台企业建立可持续的经营和盈利模式，提高平台发展层次和转型升级。加大资本市场监管力度，制定和修改与风险投资相关的金融法规和政策。研究制定平台企业资金链风险管理指导意见，出台稳妥推进实物众筹、股权众筹、网络借贷等发展的实施办法。指导平台建立对入驻企业及产品、信息进行常态化审查管理制度，加强准入与交易、质量和信息等方面的安全保障，有效发挥行业协会自律管理作用。

（三）加强政府和行业监管，明确各方法律关系

虽然平台经济仍处于自由发展的初期，面对新生事物，有关部门还处于观望状态，没有形成相对成熟的监管措施，但也不能放任不管。政府方

面，如劳动主管部门，在平台发展相对稳定时，加强对平台用工的监管，引导平台在收入报酬、劳动保护、社会保险和福利等方面承担必要责任。行业方面，应通过行业自律制定细分领域平台用工行业规范，对平台用工底线标准达成一致，形成对平台用工的行业约束，发挥行业规则在规范行业用工方面的积极作用。此外，行业组织可与相关政府部门合作，加强对平台企业用工的监管，鼓励平台建立信息公开声明机制，并对于违反法律或者规范的平台采取建立黑名单机制等办法进行约束。

（四）加强对平台企业劳动关系标准的认定

在新形势下，面对平台经济等新业态下灵活多元的用工形式，旧的劳动关系标准已经很难适用。因此，应结合平台用工实践的特征，调整和完善劳动关系认定标准。另外，面对新型用工模式，针对平台从业人员身份不隶属于平台却严重依赖平台的特点，可借鉴加拿大立法中关于"从属承包商"的规定，以及美国个别专家关于建立雇员与独立供应商之间第三种劳工类别的探讨，在法律实践层面探索确立介于劳动关系和劳务关系之间的第三种用工关系。

（五）加强对从业人员的职业培训，引导其可持续发展

要加强学校教育、职业教育与培训的市场适应性，通过产学研结合，加强和企业的合作，培养在工业领域所急需的新技术人才。根据经济社会发展和技术进步，培育劳动者价值观念和技能技术，提高其依靠职业能力而不是岗位（铁饭碗）获得的就业稳定性和职业可发展性。要进一步完善现代教育体系，为所有人建立终身教育账户，确保劳动者在需要的时候，能接受再教育以实现提升个人能力的机会。要进一步改进教学内容和教学模式，将信息技术、计算机教育纳入义务教育任务中，实现高等教育和产业结构的调整、发展方向以及对人才的需求相适应。推进高等教育和职业教育专业设置、人才培养模式与新技术、新业态、新模式发展衔接相匹配，推动新就业形态从业人员向知识型和技能型就业为主转型。

新业态悄然兴起，多方面仍需引导规范

——厦门市新业态调研报告

为了更好地了解新业态经济的发展以及其劳动用工和劳动保障的基本情况及存在问题，课题组选择东南沿海重要的港口城市——厦门市作为调研首站，于2017年6月12日至13日赴厦门市进行调研。调研期间，课题组召开了综合座谈会，参会单位包括经信局、商务局、市场监督局及人社局各相关处室、创业创新协会、物联网协会、众创空间产业协会；还走访了厦门旗山云创业园区、福建掌搜科技有限公司等多家企业。调研期间，课题组成员对新业态的发展不仅增添了直观感受，另外还明了了当地有关新业态发展的特色。

一、厦门市新业态发展的基本情况

（一）新业态经济蓬勃发展，市场空间仍很大

厦门位于福建省东南端，西接漳州台商投资区，北邻南安，东南与大小金门和大担岛隔海相望，与漳州、泉州并称厦漳泉闽南金三角经济区。重点行业涉及电子、机械、金融、交通邮电、旅游等。随着"互联网+"的兴起和云计算、大数据等技术的进步，在厦门市一些新型的商业模式应运而生，由此形成的互联网新型业态层出不穷。如电子商务发展平台、共享单车、共享汽车、众创空间等在厦门市蓬勃发展。

以厦门电子商务平台发展为例进行说明。据省统计局的数据显示，2016年厦门市电子商务交易额2619亿元，同比增长36.8%；网络销售

（含 B2B 和 C2C）交易额 414 亿元，同比增长 20%。据阿里研究院 2016 年中国"电商百佳城市"排名，厦门排在第九位。厦门市电子商务平台发展主要向垂直细分领域不断延伸，涌现出各类特色电商平台。零售方面有如美图公司旗下的 Meitu 官方商城等细分领域龙头平台，有如万翔商城等区域性零售平台。另外，一批垂直细分领域平台悄然兴起，深耕专业市场，深受广大用户的青睐。如保障网、一品威客、好慷在家、云宝商盟等。此外，传统外贸企业加速运用跨境电商开展 B2B 外贸业务，出现一批外贸综合服务平台，如嘉易通平台、建发贸易云平台等。另外一部分有能力的公司正着手探索使用大数据手段建设平台，整合供应链资源，如乐商云集等。

厦门 B2B 平台可发展空间仍然很大，如云宝商盟是一家较有影响力的快销品 B2B 平台公司，2016 年平台销售额不到 10 亿元，仅占全厦门快销品销售总额的 10%，市场发展空间仍然很大。

（二）新业态从业人员规模不断增长

据市统计局的数据显示，厦门市全市有电子商务（服务）企业 600 多家，网络销售企业 2.8 万个，经营性网站 2.5 万个，在淘宝、天猫、京东等第三方平台开设的网店 7.7 万个。全市网络零售从业人员超过 18 万人。规模数量大大超过去年同期。另外，垂直细分领域的平台从业人员也大规模增长，如家装建材在线交易平台保障网，目前该平台入驻商家超过 2 万家，入驻用户超过 20 万。2016 年该平台交易额超过 447 亿元，交易额和入驻用户增长均超 100%。

（三）政府高度重视，积极出台一系列政策

厦门市政府对发展新业态经济高度重视。2017 年 2 月 14 日，厦门市经济和信息化局印发《厦门市智能制造"十三五"发展规划》，规划主要涵盖电子信息、工程机械、客车、船舶、航空维修、输配电设备、新材料、生物医药、卫浴橱柜等重点行业。并以 2015 年为基年，规划目标年

为 2020 年，同时展望到 2025 年。"十三五"时期，根据厦门市制造业的现实基础，重点支持制造业企业大力开展技术改造和设备升级，通过提高生产工艺柔性、优化物料输送、加强自动化监测、实现过程控制，基本完成自动化进程；"十四五"时期，在实现自动化的基础上，鼓励重点行业的企业积极开展工业 4.0 的推广示范。

另外，市委、市政府制定出台一系列吸引和培育电子商务专业人才的政策，如《关于印发促进电子商务发展若干措施的通知》《关于进一步激励人才创新创业的若干措施》等，积极引进领军型创业创新人才、引进海外高层次人才，支持高校、职业培训机构开展电子商务专业人才培训、支持大学生创业等。主要的扶持措施有：支持高校、职业培训机构开展电子商务专业人才培训，对高校、职业培训机构开展电商人才培训具备一定规模、取得一定效果的，给予一定的政策支持。加强电商协会、电商企业与院校、职业培训机构合作，创新电子商务专业培训模式，培养适合市场需要的电商专业人才。支持电子商务人才自主创业，为其营造良好的创业环境。市商务局根据重点电商企业上年度的电商营业收入规模核定人员指标及名单，通过院校、专门的职业培训机构给予企业最高 1500 元 / 年 / 人的培训补助，企业自主培训的给予企业最高 1000 元 / 年 / 人的培训补助，单家企业最多补助 3 年。电商企业上年度电商营业规模在 500 万—1000 万元的每年最多申请 10 人，1000 万—1 亿元的 20 人，1 亿—10 亿元的 30 人，10 亿元以上的 40 人。

（四）成立人才培训机构，为电商发展提供人才支撑

为了协助传统电商业成功转型，促进电子商务的发展，厦门市积极成立职业培训学校。如 2006 年 5 月成立了厦门新东方职业培训学校，拥有全职讲师 5 名，兼职教师 10 名，特聘高级讲师 5 名，全国可运用的电商行业讲师近百名。2014 年至今累计培训电商专业人才 12000 多人次。电商培训专业服务企业，师资资源及培训经验较为丰富，为厦门电子商务快速

发展提供专业人才支撑。

2013 年 7 月成立了厦门智赢联合电子商务有限公司，提供电商运营的技术、战略咨询；跨境电商咨询、培训等电子商务专业服务企业。拥有专职讲师 20 人，兼职讲师 100 多人。2014 年至今累计培训电商专业人才近 1 万人次。跨境电商培训专业服务企业，拥有较为强大的师资力量，服务范围较广，效果良好，为厦门跨境电子商务发展提供专业人才支撑。

二、存在的主要问题

通过综合座谈会和企业走访，课题组发现在厦门市新业态发展过程中存在的问题具体如下：

（一）新业态定义不明，统计边界不清

新业态在我们的生活中可能不属于新鲜事物，在具体的生产和生活中都接触过。但是，要具体到对其边界界定、准确定义、涵盖范畴、统计口径、统计渠道等，不管从学术界还是到实际运用管理界，都还属于模糊地段。就研究领域而言，新业态尚属于新生事物，对其研究时间不长，也没有具体的、明确的、统一的定义，只是有业界大致的共识。就具体工作层面而言，座谈会上的大部分部门和个人都认为其定义不明确，对其具体存在的形态不是很清楚，从其最基础的统计工作，到监管工作都存在模糊地带，给其工作造成一定的影响。希望有关部门尽快出台相关定义说明、概念范畴、统计方式、统计渠道的建议等。

（二）新业态准入门槛较低，缺乏相应政策监管

商事登记制度改革等举措降低了市场准入门槛，减轻了企业在初创期的负担，激发了市场主体的活力，各类新业态层出不穷。以共享单车为例，在市场出现了 OFO、摩拜单车之后，整个 2016 年至少有 25 个新

的共享单车品牌①汹涌入局，其中甚至还包括电动自行车共享品牌。然而，共享单车在方便了群众最后一公里的同时，也是存在一些特点和缺点的：第一，其运营受季节变化、天气状况等影响比较大。至于遇上台风暴雨，则无论地处何方，共享单车出行的订单量都会直线下降甚至归零，而平台还得面对更加高昂的车损折旧成本；第二，与"有桩"的公共自行车相比，这种随时取用和停车的"无桩"理念给市民带来了极大便利的同时，也导致"小红车"和"小黄车"的"乱占道"现象更加普遍，城市空间的管理因而变得更加困难，这就需要相应的管理规定出台；第三，共享单车还存在余额难退的现象，很多品牌的共享单车的用户如想退还押金，将以何种形式、何种途径退费，还缺乏政策支撑和路径支持；第四，共享单车的骑行者一旦与行人或者车辆发生事故，责任方如何界定？肇事方逃逸的话，如何能迅速找到肇事方，并且界定责任、处理事件，也是需要探讨的问题。这都说明在客观上，法律和标准存在滞后，监管的政策覆盖面、手段创新性、措施有效性都存在短板，需要与时俱进不断完善。

（三）新业态高端人才相对不足，缺乏引进政策

在课题组召开座谈会期间，商务局电商处的负责人提出了电商企业很多精英人才没有高学历，导致电商行业在引进这些人才的时候存在政策盲点，无法引进急需的人才。当然，人才的结构性矛盾也不仅仅存在于电商企业这一个类型当中，这是一种普遍现象，而非个别现象，电商企业仅仅是新业态企业的一个代表。与普工难招比，近年来"技工更难招"成为企业反映更普遍、更强烈的问题。从调研情况看，部分行业企业技工短缺大概占缺工总数的21%，且招聘难度大，一些企业反映部分紧缺的高级技术

---

① 这26个品牌包括：永安行、小鸣单车、小蓝单车、智享单车、北京公共自行车、骑点、奇奇出行、CCbike、7号电单车、黑鸟单车、hellobike、酷骑单车、1步单车、由你单车、踏踏、Funbike单车、悠悠单车、骑呗、熊猫单车、云单车、优拜单车、电电Go单车、小鹿单车、小白单车、快兔出行、摩拜单车。

工人甚至出现千金难求的现象。

（四）缺乏对新业态公开透明有序获知的渠道

宣传作为一种沟通政府与企业、企业与消费者之间的桥梁，在现代社会中的重要作用已经不言而喻。特别是在"互联网＋"时代，人们获取信息的渠道比之前要多，政府需要对意识形态的发展走向进行引导。然而在调研的过程中，我们发现，基层的政府工作人员、企业主、员工主体个人，都对"新业态"这个词一知半解，没有全面的判断和认识。究其原因，是因为缺乏对新业态公开、透明、有序、合理的宣传平台，个人能看到的信息大多是碎片化的，甚至有的是容易被误导、被曲解的信息。有鉴于此，政府有必要在新兴事物出现之初，密切关注市场群体的需求，搭建有效的沟通、宣传渠道，一方面促进新事物的发展，另一方面满足人民群众对新信息的获得和感知。

（五）新业态企业劳动关系认定标准亟待出台

平台经济发展的基本格局和趋势是平台＋小企业／个人化。一方面，互联网平台型企业规模越来越大；另一方面，平台上的经营主体却越来越小微化。随着平台经济的发展、小微企业的激增，如何结合小微企业的特点、有针对性地推动小微企业构建和谐劳动关系，已经成为当下亟待解决的现实问题。从新业态出现之后，新业态从业人员对于劳动关系的新型争议案件也屡见不鲜，通过研究我们发现，但凡单纯诉求确认劳动关系的案件，裁判结果通常支持非劳动关系主张；倘若案件涉及工伤认定和赔偿，裁决结果往往认定存在劳动关系。总之，关于案件的审判结果都和劳动关系的认定呈现较强的相关性。但是，具体到新业态企业的劳动关系认定方面，首先本身没有任何标准可言；其次劳动关系认定标准本身存在弹性容易导致不同理解。这就给用人单位、劳动者责任界定方面造成一定的影响。所以，建议相关部门尽快出台新业态企业劳动关系认定的相关标准，以规范用人单位和从业人员的行为规范。

（六）从业人员收入波动，休息休假权益难以保障

在调研中，我们走访了移动出行行业的从业人员，从中可以发现其从业人员的收入水平不高，波动较大。并且休息休假权益难以保障。厦门市网约车司机的收入大多在 4000 元，大约超七成网约车司机月平均收入在 6000 元以下。如果扣除车辆折旧和保养费用，私家车加盟网约车司机的实际收入水平在 4000 元以下。由此带来的收入下降对于一些从传统出租车行业转行司机、购买新车或租赁汽车从事专车业务司机来说，不得不通过延长工作时间提高收入来承担由此带来的成本。这种采取延长工作时长的方式来提高订单量，以获取更多的奖励补贴提高收入的做法，使得其休息休假等权益难以得到保障。

（七）从业者的职业发展不明、可持续性较差

在综合座谈会上，创新创业协会的负责人反映，在目前新业态的发展过程中，新业态从业人员存在职业发展不明、可持续性较差的问题。如目前大部分创业者进行一项新业态的创业活动，第一步就是吸引风险投资，而与此同时，后期的市场调研、客户维护、服务措施没有跟上，而当资金烧完，也就是项目失败之时。另外一个典型的职业就是微商代理人，当代理的产品销路不好，或者由于各种原因微商号遭到封闭之时，从业者的这个微商代理人的身份也就没有了，更谈不上职业的上升渠道和可持续发展。具体到政府部门，这些人员的就业失业状态，政府部门也很难统计，很难进行政策扶持。

三、思考及建议

综合以上分析，我们发现，新业态经济在厦门市蓬勃发展，后续发展动力足、空间大，并且从业人员规模不断上升，政府也高度重视，积极出台一系列相关政策以促进其发展。但是，新兴事物在其发展的过程中也是会存在问题的，如定义不明、边界不清、准入门槛较低、监管不力、获知渠道不明、就业稳定性差、收入波动大、权益难以保障、可持续性差等。

课题组结合其他地区及国外对新业态发展的有益经验，提出了促进新业态经济发展、规制劳动用工、保障从业人员权益方面的一些思考和建议。

（一）明确定义新业态，划分统计边界

新业态经济是一种综合性极强的新兴经济现象，其在经济社会生活中的影响力已经越发凸显，但与此同时新兴事物也面临着诸多的理论与实践问题，还需要政府、研究机构以及业内企业的共同努力、共同探索。首先，需要在实践调研的基础之上，统一学界的一致认识，定义新业态，明确其特点，划分其范畴，把握其发展的趋势，明了目前政府监管、行业自律存在的问题和挑战；其次，具体到统计问题上，需要划分清楚统计边界，探索统计的途径和渠道。

（二）加强规范引导，推动新业态经济可持续发展

加强信息基础设施和交通物流等基础设施建设，为新经济发展提供物质和技术基础条件。加快网络信息安全、社会信用体系等基本制度建设，规范市场竞争和市场秩序，构建公平、统一的各类要素市场，为新经济发展提供良好的软环境。引导各类平台企业建立可持续的经营和盈利模式，提高平台发展层次和转型升级。加大资本市场监管力度，制定和修改与风险投资相关的金融法规和政策。研究制定平台企业资金链风险管理指导意见，出台稳妥推进实物众筹、股权众筹、网络借贷等众筹方式发展的实施办法。指导平台建立对入驻企业及产品、信息进行常态化审查管理制度，加强准入与交易、质量和信息等方面的安全保障，有效发挥行业协会自律管理作用。推动社会信用体系和知识产权管理体系建设，为平台健康可持续运营创造良好市场环境。发挥行业协会、职业工会等社会组织作用，促进行业及其从业者行为自律，规范平台经营与管理行为，避免非经营性风险。加强政府管理和行业规范，建立政府管理、大众评价和行业自律的平台协同治理机制，防范分享经济发展带来的各类隐患，化解新旧行业矛盾冲突，引导其健康发展，让参与人共享经济产生的财富，防止新科技和新

经济形态加剧贫富分化。

（三）加强政府和行业监管，明确各方法律关系

虽然新业态经济仍处于自由发展的初期，面对新生事物，有关部门还处于观望状态，没有形成相对成熟的监管措施，但也不能放任不管。

政府方面，如劳动主管部门，在平台发展相对稳定时，加强对平台用工的监管，引导平台在收入报酬、劳动保护、社会保险和福利等方面承担必要责任。此外，政府还可以采取与平台合作监管的形式，在制定相应的基本劳动标准基础上，由平台进行操作，对低于基本劳动标准的从业人员采取保护措施。

行业方面，应通过行业自律，制定细分领域平台用工行业规范，对平台用工底线标准达成一致，形成对平台用工的行业约束，发挥行业规则在规范行业用工方面的积极作用。

此外，行业组织可与相关政府部门合作，加强对平台企业用工的监管，鼓励平台建立信息公开声明机制，并对于违反法律或者规范的平台采取建立黑名单机制等进行约束。

（四）加强对新业态劳动关系标准的认定和出台

劳动关系的认定是劳动者能否得到权益保障的基础，在新业态经济下，有必要加强对新业态经济劳动关系标准的认定和出台，探索第三种用工关系。当前，我国司法实践中劳动关系的认定以劳动和社会保障部《关于确立劳动关系有关事项的通知》（劳社部发〔2005〕12号）中确认劳动关系的有关事项为主要依据。该通知有关确定劳动关系的标准是结合当时特定背景制定的，而在新形势下，面对平台经济等新业态下灵活多元的用工形式已经很难适用。因此，应结合平台用工实践的特征，调整和完善劳动关系认定标准。另外，面对新型用工模式，针对平台从业人员身份不隶属平台

却严重依赖平台的特点，可借鉴加拿大立法中关于"从属承包商"[①]的规定以及美国个别专家关于建立雇员与独立供应商之间第三种劳工类别[②]的探讨，在法律实践层面探索介于劳动关系和劳务关系之间的第三种用工关系。

（五）完善相关政策制度，维护从业者基本权益

对于新业态经济的从业人员遇到的权益保障问题，建议采取部分适用劳动基准的方式，保障从业人员在收入报酬、劳动安全、工时休假等方面的劳动权益。同时，还应在适用时结合平台用工特点完善有关规定，如针对平台从业人员工作时间灵活，工时难以确定的问题，应完善工作时间基准体系，准确界定工作时间概念，并对诸如待命时间是否属于工作时间等问题进一步澄清，保障从业人员在工时休假方面的权益。

（六）多措并举，探索新业态从业人员参保方式

针对从业者们社会保障缺失的问题，建议探索新业态从业人员参保方式，扩大灵活就业人员社保覆盖面。第一，放松职业身份、就业区域等限制条件，简化经办手续，建立以从业人员可监控收入为基础的社会保险政策，方便灵活就业人员以个人身份参保。第二，今年6月21日，李克强总理主持召开国务院常务会议，部署促进分享经济健康发展，推动创业创新便利群众生产生活。会上要求加快发展商业保险，支持商业保险机构为个人和家庭提供个性化、差异化养老保障，积极提供企业和职业年金计划产品和服务。第三，课题组还建议借鉴部分平台与市场化社保服务机构（如51社保[③]等）合作的探索，在尊重平台从业人员社会保险缴纳意愿的基础上，由平台与市场化社保服务机构合作，为有意愿的从业人员提供社

---

① 加拿大立法将劳动者称作"从属承包商"，拥有劳务关系所没有的集体谈判权等。

② 美国参议员马克，沃纳经过对各类平台企业的调研后也提出建立介于雇员与独立供应商之间的"从属供应商"。

③ 51社保网，也叫我要社保网，是国内最大的社保第三方专业网站，国内社保实务交流第一品牌。51社保网隶属北京众合天下管理咨询有限公司，由国内知名劳动用工和成本优化专家余清泉先生创办于2007年11月，致力于实现"人人都是社保专家"的宏伟目标。51社保网致力于搭建最专业最实务的社保交流平台。

保缴纳方案。

（七）加强对从业人员的职业培训，引导其可持续发展

要加强学校教育、职业教育与培训的市场适应性，通过产学研结合，加强和企业的合作培养新技术在工业领域所急需的人才。根据经济社会发展和技术进步，培育劳动者价值观念和技能技术，提高其依靠职业能力而不是岗位（铁饭碗）获得的就业稳定性和职业可发展性。要进一步完善现代教育体系，为所有人建立终身教育账户，确保劳动者在需要的时候，能接受再教育以实现提升个人能力的机会。要进一步改进教学内容和教学模式，将信息技术、计算机教育纳入义务教育任务，实现高等教育和产业结构的调整、发展方向以及对人才的需求相适应。推进高等教育和职业教育专业设置、人才培养模式与新技术、新业态、新模式发展衔接匹配，推动新就业形态从业人员向知识型和技能型就业为主转型。

欧盟的新就业形态

本附件主要从欧盟新就业形态的九种形态、新型雇佣形式的主要特点以及欧盟的政策指标三个方面入手进行详细论述。需要说明的是，本文的大部分内容主要翻译自欧盟的"对工作条件和劳动力市场的影响（New forms of employment）"。

一、新型雇佣形式的分类及主要特点

（一）欧盟新型雇佣形式的分类

欧盟根据工作的定义，对平台经济催生的新就业形态归纳了九大新型雇佣形式（详见图附 4-1）。这些雇佣形式可分为两组：雇主和雇员或者客户和工作者之间的新型雇佣关系模式；新型工作机制——换言之，采用新方法进行工作。并且这两组之间有些时候相互关联。需要说明的是，这九种雇佣形式还可根据是涉及雇员还是自雇者和自由职业者来加以区别；并且该区别方式还可能对两组雇佣形式都适用。这九种新型雇佣形式之间可能存在重叠情况，某种雇佣关系可能属于不止一种类别。

具体而言，对于有别于一名雇主和一名雇员这一传统概念的新型雇佣关系，欧洲目前出现的新型雇佣形式有以下两种：雇员共享和岗位分担。雇员共享是指一群雇主（非传统临时工作中介机构客户）共同雇佣一名工作者。该名工作者在不同公司之间轮换。相反，岗位分担是指一名雇主雇佣两名或两名以上的工作者共同担任某项职位。对雇佣关系重新定义的第三种雇佣形式是凭单工作，在此种雇佣形式中，雇佣关系和相关付款是基于凭单而不是雇佣合同。在大多数情况下，工作者的身份介于雇员和自雇者之间。关于新型工作机制，包括临时管理、临时工作、ICT 移动办公、群体雇佣、兼职工作以及协作雇佣。临时管理是雇员之间的一种新型工作机制，是指一名雇主通常为了进行某个项目或者解决某个问题，暂时雇佣一名工作者——通常为高技能专家。与传统的固定期限工作相比，临时管理具备一定的顾问元素，但专家的身份是雇员而不是外部顾问。临时工作也是以雇员为导向。在此种工作机制下，雇主无义务定期向工作者提供工作，而是在需要之时可以要求工作者工作，因此比较灵活。ICT 移动办公，这种工作机制的特点是工作者（无论是雇员还是自雇者）在笔记本电脑和平板电脑等现代技术的支持下，在雇主场所之外的各种可能地点办公（例如家里、客户场所或者"在路上"）。这一工作机制与传统远程办公的区别之处在于其地点限制更少。对于自雇者和自由职业者，群体雇佣是一种新选择；此种工作机制也具有不受地点限制的特点。虚拟平台对大量的服务或产品买方和卖方进行匹配，并通常会把大任务拆分成小工作。与此相似，自雇者进行的组合式工作中，自雇者为大量的客户工作，每个客户的工作量都不大。此外，在很多国家还发现了不在传统商业合作伙伴关系范围内，采用新型协作模式的新自雇方式。

（二）新型雇佣形式的主要特点

在整个欧洲，各种各样的新型雇佣趋势正在兴起。虽然各国之间存在着一些差异，但可以确定有九大类新型雇佣形式。有些雇佣形式与雇员的关联性更大，有些与自由职业者和个体经营者的关联性更大，而有些则与两者都密切相关。

尽管这些雇佣形式之间存在着很大的差异，但灵活性是所有这些雇佣形式中固有的关键概念：由于雇主、雇员或者双方对灵活性的提高有了更多的需求，故而新型雇佣形式已经出现。而这种需求是由经济困难时期或社会发

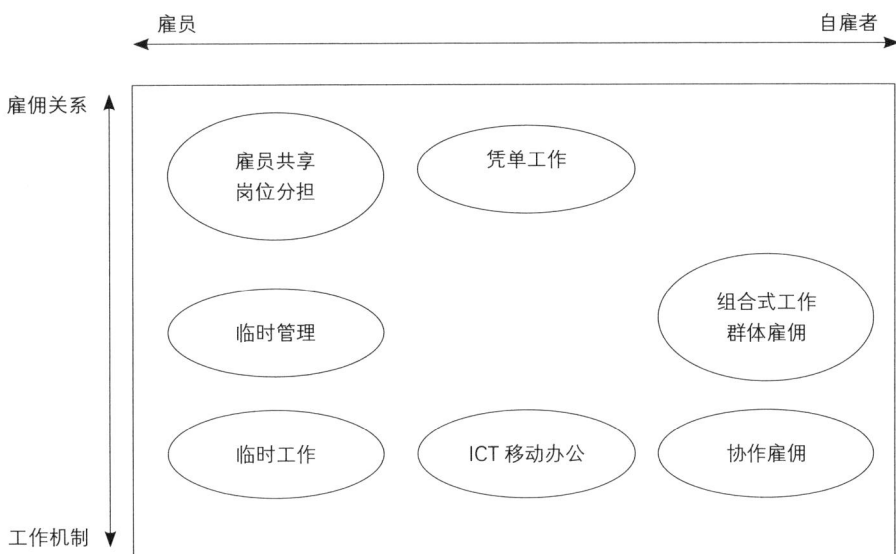

图附 4-1　欧盟九种新型雇佣形式类别

资料来源：欧洲改善生活和工作条件基金会（Eurofound）。

展所驱动的。因此，文中讨论的一些雇佣形式是机会驱动的，而另一些则是出于必要性，这些驱动因素可能在雇主和工作人员之间有所不同。

ICT 移动办公可以被看作从现代技术为雇主和员工提供的创新型人力资源实践日益增长的机会演变而来。其他新型雇佣形式，尤其是临时工作和群体雇佣，可以被看作雇主应对其商业活动的具体特征（例如难以预测的需求波动）或宏观经济框架条件（其中包括竞争压力、全球化、公共部门的预算削减以及重组需求）的有效手段。这些新兴雇佣形式，可以使任务得以完成，同时又具有良好业务活动所需的灵活性，并且保证了完成任务的可行成本。然而，对于工作人员而言，这些雇佣形式至少包括一些非自愿的因素。在其他雇佣形式有限的情况下，它们被工作人员接受为获得额外收入或者获得任何收入的手段。

岗位分担则与此相反，本课题的调查发现，岗位分担一般是由员工驱动的。例如，由于照顾孩子、年纪偏大或身体不适等原因，工作人员选择减少工作时间。雇主接受岗位分担，因为他们希望或需要留住这些工作人员，同时通过将几个兼职工作人员合并为一个岗位来实现全职的覆盖。

雇员共享和基于凭证的工作对于雇主和员工都是受到必要需求和机会的驱动。这两种雇佣形式都被那些有一定人力资源需求的雇主所使用，而这种人力资源需求并不能构成一个全职的职位，但虽然如此，雇主仍然希望给予工作人员有利的就业机会，而此等就业机会的不稳定性要低于其他情况下的分段式工作。他们选择这些解决方案为其工作人员至少提供一些工作或社会保障。同样，如果对于工作人员而言，各个雇主无法提供全职工作，或者他们的职业不存在定期的需求，抑或是他们因个人原因不能担任全职职位的工作，那么这些雇佣形式可能是在不完善的劳动力市场情况下的最佳选择。

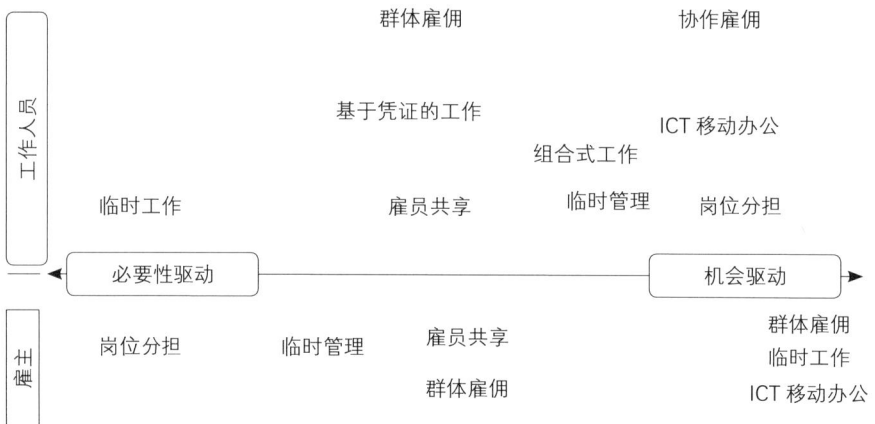

图附 4-2　根据驱动因素划分的新型雇佣形式示意图

资料来源：欧洲改善生活和工作条件基金会。

接受分析的大多数雇佣形式在大多数成员国内都没有具体的法律依据或集体商定的依据，这可能要归因于这些雇佣形式的新颖性以及这些雇佣形式是作为实践出现的，而不是作为战略上计划的劳动力市场发展。临时工作和基于凭证的工作则是例外情况，针对此等雇佣类型已经建立了监管框架，用以避免不当使用未申报的工作或者使未申报的工作合法化。

雇员共享、岗位分担、临时管理，临时工作、基于凭证的工作以及合作社在传统行业中应用更广，而 ICT 移动办公、组合式工作、群体雇佣、伞式组织和联合工作则是与信息技术部门和创意产业的关联性更大。

在临时管理、ICT 移动办公、组合式工作、群体雇佣、伞式组织和联合工作中，工作人员往往是高度熟练的专家，而临时工和凭证式工作人员则存在技能水平较低的趋势。这两种技能类别都可以在雇员共享和岗位分担中找到。临时工作、ICT 移动办公、群体雇佣以及联合工作的特点在于年轻员工的水平较高，而年长员工在临时管理、组合式工作和伞式组织方面更占优势，而这些组织都要求较长的工作经历。除了临时工作、基于凭证的工作和群体雇佣之外，新型雇佣形式可能是工作人员的主要或唯一收入来源。

表附 4-1　新型雇佣形式的主要特点概述

	具体监管框架（立法或集体协议）的可获得情况	雇主和雇员的特点	合同类型	主要工作或收入来源
雇员共享	在一些国家中	主要是季节性波动的行业（例如农业和旅游业）和制造业，大部分是私营部门的中小企业（SME），技能水平低或仅有一般技能的工作人员以及专家	雇主与工作人员之间的标准雇佣合同；雇主与用户之间的民法契约	是
岗位分担	在一些国家中	在公共部门比较普遍既有低技能含量又有高技能含量的工作，年轻和年长的工作人员、重新进入劳动力市场的女性	在受到具体监管情况下的具体雇佣合同，其他标准雇佣合同	是
临时管理	否	私营部门传统行业较为普遍，高技能水平且经验丰富的专家（主要是具备管理能力），中年和老年工作人员	标准雇佣合同	是

续表

	具体监管框架（立法或集体协议）的可获得情况	雇主和雇员的特点	合同类型	主要工作或收入来源
临时工作	在大多数国家中	主要是季节性波动的部门（例如农业和旅游业）或者需求不稳定的部门（保健工作）；低收入行业、低技能水平的工作人员、女性、年轻的工作人员	标准雇佣合同	是，但与其他工作相结合
ICT移动办公	否（但匈牙利和丹麦的情况除外）	在私营部门服务（特别是信息技术和创意产业）和国际业务中更为常见年轻的工作人员、高技能的专家、知识型的工作人员、管理层、男性	标准雇佣合同	是
基于凭证的工作	是	主要是家政服务和农业，受过良好教育、较为富裕、年纪较大的雇主，女性、低技能水平的工作人员	凭证	可能是额外的家庭收入
组合式工作	否	在私营部门服务（尤其是信息技术和创意产业）中较为普遍，高技能水平且经验丰富的专家	民法合同	是
群体雇佣	否	信息技术和网络相关部门、创意产业中小企业（SME）和缺乏内部能力的大型公司、非政府组织（NGO）；高技能水平且年轻的工作人员	民法合同	通常是额外收入
协作雇佣	否（针对伞式组织与联合工作）；是（针对合作社）	伞式组织中高技能水平的较年长员工创意产业中高技能水平且年轻的联合工作人员，针对合作社的建设和制造	无法获得数据	是

资料来源：Eurofound，根据各国数据统计。

二、对工作条件和劳动力市场的影响

在确定了整个欧洲新兴的雇佣形式并且对其特征予以描述之后，此项研究致力于调查它们对工作条件和劳动力市场的影响。尽管每种雇佣形式的运行影响可能因具体情况而有所不同，但是可以从现有的研究中得出一些概括总结。需要记住的是，以下段落所提及的有利因素对个人而言可能是不利的，根据雇主和雇员的特点，他们的偏好以及他们之间的双边协议，一些明显的缺点也可能是有利的。

尤其是雇员共享和岗位分担，似乎提供了有利的工作条件。考虑到受影响的工作人员的特点（这些工作人员可能会认为有更高的压力水平或个人所承担的培训和职业发展的责任是"正常的"），以及考虑到获得这种雇佣形式固有的其他利益的手段，临时管理也可以被认为有利的。对于员工而言，ICT 移动办公提供了一些与灵活性、自主性和授权相关的重要优势，尽管存在着例如工作强度大、压力水平高、工作时间增多、工作与私人生活的界限模糊，以及传统雇主责任（特别是在健康和安全方面）外包给工作人员等若干危险。

对于自由职业者和个体经营者而言，组合式工作、群体雇佣和协作就业主要提供了通过多样化来丰富任务内容的可能性。自愿参与各种活动的三种形式所具备的基本模式提高了工作人员的自主性，因此对灵活性和工作与生活之间的平衡具有积极的作用。由于高水平的竞争以及要承担来自任何任务的压力，这也可能是不利的。与此同时，这些雇佣形式也存在着工作和收入不稳固以及社会保障水平低下的特点。不过，这些特点都是自由职业者和个体劳动者的一般特点，而不是这些新兴雇佣形式的特定特点。

基于凭证的工作也有一些不利的工作条件，主要是工作的不稳固、社会和职业的孤立以及获得人力资源措施和职业发展的机会有限。但是，这些也被解释为更多的是因为使用此等雇佣形式的工作或任务类型所致，而不是由于雇佣形式本身所致。这个概念可以带来一些益处，特别是使他们的工作地位合法化，从而带来一些社会保障，通常是最低工资标准以及健康和安全标准等保障。

在文中分析的新型雇佣形式中，临时工作是在工作条件方面引起最多担忧的形式之一。其特点在于，工作和收入稳定水平较低、社会保障较差、人力资源措施难以获得，以及在许多情况下工作的枯燥或重复性质。高度的灵活性可能会受到一些工作人员的重视，这些工作人员能够从工作与生活平衡的改善中受益，但对于大多数喜欢连续工作的临时工而言，这种雇佣形式可能过于灵活了。

灵活性是所有确定的雇佣形式所具备的共同要素，并且除了临时工作以外，灵活性可以被视为对有关工作人员的工作条件（不仅仅是雇主）而言具有积极意义，给他们带来了更好的工作与生活的平衡。灵活性也带来了更多的自主权、责任以及更好的工作内容，这些都是工作人员所重视的。

就获得培训、技能发展和职业发展机会而言，情况就没有那么简单了。虽然雇员共享、岗位分担、群体雇佣和协作雇佣似乎对专业发展机会有一定的积极影响，但对临时管理、临时工作、基于凭证的工作以及组合式工作似乎不太有利。

在文中分析的新型雇佣形式中，雇佣的不稳定性以及社会或专业的孤立是相当普遍的，这也可以用强大的灵活性来解释。这也会造成更高的压力程度和工作强度，因为工作人员往往会更加努力地工作，希望他们如果被证明是"业绩良好"，则他们就会得到更高的可靠性。

作为对这一部分的总结，同样令人惊讶的是工作人员在新型雇佣形式中相当缺乏代表性，而这可能又是由于灵活性的提升所致。从工作人员代表的角度看，考虑到他们有限的资源，这种灵活性的提升导致劳动力分散，使他们难以识别和接近这些工作。

表附 4-2　所选工作条件下新型雇佣形式的影响概述

	雇员共享	岗位分担	临时管理	临时工作	ICT 移动办公	基于凭证的工作	组合式工作	群体雇佣	协作雇佣
社会保障	黄	绿	黄	红	黄	绿	红	红	红
健康和安全	黄	黄	黄	黄	红	黄	黄	黄	黄
收入	绿	黄	绿	红	黄	黄	黄	红	红
奖金、附带福利	绿	黄	红	红	黄	红	红	红	红
工作时间的长短	绿	绿	黄	黄	红	红	红	绿	黄
灵活性	黄	绿	绿	红	绿	绿	绿	绿	绿
工作与生活的平衡	黄	绿	绿	红	黄	绿	绿	黄	绿
压力、工作强度	红	红	红	黄	红	黄	红	红	绿
职业发展	绿	绿	红	红	黄	红	红	黄	黄
培训、技能发展	绿	绿	红	红	黄	红	红	黄	绿
任务内容、责任	绿	黄	绿	红	绿	红	绿	黄	绿
自主权、控制	黄	黄	绿	黄	绿	绿	绿	绿	绿
融入工作组织	黄	黄	黄	红	红	红	红	红	红
代表	红	黄	黄	红	红	红	红	红	红

来源：Eurofound，根据各国数据统计。

附注：每种雇佣形式的实际操作影响在实践中可能会因具体情况而有所差异。绿色：有利的工作条件；黄色：中性的工作条件（或者有利和不利的证据）；红色：不利的工作条件。

关于劳动力市场效果，在本文分析的新型雇佣形式中，雇员共享、岗位分担和临时管理似乎是最有利的，而临时工作似乎是最不利的。不出所料的是，与员工相关的形式显示出比自由职业者和个体经营者的相关形式更强的劳动力市场效果。所有确定的新型雇佣形式都有可能对特定劳动群体的劳动力市场整合产生积极的影响。以岗位分担、临时工作和基于凭证的工作为例，主要涉及因为照顾家庭、继续教育或身体不适等原因无法从事全职工作的人员。临时管理和岗位分担可以帮助老年工作人员延长工作年限，甚至延长退休年龄。临时工作和群体雇佣可能为年轻人提供工作机会，让他们获得工作经验。雇员共享、ICT 移动办公和群体雇佣对于就业机会有限的偏远地区或农村地区的工作人员而言是有益的。

与此相反，新型雇佣形式增加就业的效果是相当有限的。只有雇员共享似乎有真正的创造就业机会的可能性。分析发现，岗位分担和临时管理有助于保留工作。一些证据潜在表明基于凭证的工作具备创造就业的可能性，但也可能排挤标准雇佣形式。临时工作和群体雇佣在这一方面的可能性甚至更大。

文中讨论的大多数新型雇佣形式被认为有助于劳动力市场的创新，并且使劳动力市场更具吸引力。它们提供的工作机会更适合工作人员的具体需求，例如，在岗位分担或 ICT 移动办公的情况下。组合式工作、群体雇佣和协作雇佣使人们可以在相对安全的环境中尝试个体经营，而且其中的创业风险微乎其微。雇员共享可以通过人力资源合作管理的方式来改善地区劳动力市场。

这些创新的人力资源实践可以促进组织学习，并且加强员工（以及跨公司）之间的知识转移。这可能会导致劳动力技能的普遍提高。文中分析的大多数新型雇佣形式报告中都指出了这一点。

不利的一面是，如果临时工作和基于凭证的工作导致人们广泛接受这种零散的工作，而这些工作又是收入较低并且社会保障有限的工作，那么这些雇佣形式可能会导致劳动力市场分割的增加。由于具体的工作人员群体在这些雇佣形式中被确定为占有主导地位，所以社会两极分化可能会是最终的结果。ICT 移动办公带来一些固有的危险，不是劳动力群体中的每个人都能跟踪新技术的发展，他们可能会落后，进而再次导致一定程度的劳动力市场分割。然而，岗位分担可能会减少劳动力市场的分割，特别是帮助那些需要照顾家庭或者健康状况不佳的人员进入或重新进入劳动力市场。

表附 4-3 对劳动力市场新型雇佣形式的影响概述

	雇员共享	岗位分担	临时管理	临时工作	ICT移动办公	基于凭证的工作	组合式工作	群体雇佣	协作雇佣
创造就业、保留工作、排挤标准雇佣	绿	绿	绿	红	黄	黄	黄	红	黄
劳动力市场整合	绿	绿	绿	绿	绿	绿	绿	绿	绿
劳动力市场分割、社会两极分化	黄	绿	黄	红	红	红	黄	黄	黄
雇佣的合法化	黄	黄	黄	绿	黄	绿	黄	黄	黄
劳动力市场吸引力的增加，劳动力市场的创新	绿	绿	黄	红	绿	黄	绿	绿	绿
提高劳动力的技能水平	绿	绿	绿	红	绿	红	黄	绿	绿

来源：Eurofound，根据各国数据统计。

注释：每种雇佣形式的实际操作影响在实践中可能会因具体情况而有所差异。绿色：有利的劳动力市场效果；黄色：中性的劳动力市场效果（或者有利和不利的证据）；红色：不利的劳动力市场效果。

作为对这一部分的总结，岗位分担、雇员共享和临时管理似乎具备最有利的工作条件以及最有利的劳动力市场影响。ICT 移动办公提供了一些积极的工作条件，而劳动力市场的影响可能有一部分是负面的。相比之下，基于凭证的工作具备一些良好的劳动力市场潜力，而工作条件则呈现出还有待改进的情况。临时工作是引起人们对劳动力市场和工作条件最大担忧的一种雇佣形式。

三、政策指标

本报告是揭示欧洲劳动力市场出现的新型雇佣形式的首次尝试，通过对这些雇佣形式的识别和特征描述，使其发展更加明确，并且说明它们对劳动条件和劳动力市场的影响。这项研究清楚地显示出新的趋势。有些形式是相当边缘的，总体影响还微乎其微（例如临时管理和伞式组织）。其他形式则更为普遍（例如临时工作和 ICT 移动办公），或者将来可能会变得较为普遍（例如群体雇佣、基于凭证的工作和岗位分担）。因此，它们有一定的可能性能够通过转变标准或既定的雇佣关系和工作模式，对欧洲劳动力市场产生重大影响。他们可能会对合同关系（其中包括雇主与工作人员的责任），"工作"的一般理解（一揽子任务和零散的任务导向）以及工作的地点和时间产生影响。

除此之外，虽然所有确定的新型雇佣形式共同具有增强灵活性（对于雇员而言、对于雇主而言或者对于两者兼而有之）的要素，但分析结果并不认为它们对于工作人员或普遍的劳动力市场具有同等的益处。雇员共享、岗位分担和临时管理，在为实现工作人员和雇主的双赢局面方面具备良好的前景，对现代和创新的劳动力市场做出了积极贡献。一般而言，基于凭证的工作和 ICT 移动办公可以被认为一种积极的发展，但是在一些国家的制度中，可能需要做出更多的思考，从而更好地开发其在雇主和员工方面的潜力。相比之下，临时工作和群体雇佣对劳动条件较差及劳动力分散的市场中的"逐底竞争"提出了一些担忧。

欧洲的制图工作确定，新型雇佣形式的调查结果可划分为九大类。虽然有些类型是相互关联的，但总体而言，它们之间存在很高的异质性。这表明关于"新型雇佣形式"的普遍性讨论或政策建议几乎是没有用处的。考虑到每种雇佣形式以及其中涉及的雇主和工作人员的各自特点，需要采取更具体且量身定制的办法。为此，需要获得更多的信息。

针对有关文中讨论的雇佣形式，本课题试图收集尽可能多的信息，但针对某些雇佣形式，只有一些零散的研究或数据可供使用，而还有一些雇佣形式甚至不具备共同的商定名称。因此，在第一步中，建议采取以下措施。

第一，需要在整个欧洲范围内，由政府与雇主和雇员代表达成共识，从而确定正在兴起的新型雇佣形式，其中包括以雇佣形式主要特征为基础的共同术语。尽管由于劳动力市场特征、制度环境和工作组织传统等方面的差异，各国经常会出现操作上的差异，但要实现这一点应该还是有可能的。这份报告可以作为这一讨论的基础。

第二，应当确定支持关于新型雇佣形式的、更为明智的政策决定所需的额外信息，并且应当委托开展调查研究和收集数据。为此，本课题中提供的信息可用性的比较可能会对此有所帮助。

第三，应当促进成员国内部以及各成员国之间的讨论和交流，增加关于新型雇佣形式的现有知识，促进同行之间的学习和经验教训的交流，从而在整个欧洲的决策中形成协同作用。

无论是政府还是社会合作伙伴，都会出现是否需要政策干预这一问题。对于一些新兴的雇佣形式（例如组合式工作或伞式组织），可能不需要具体的倡议举措。这些工作形式的挑战，例如社会保障水平较低以及工作和收入不稳固，更多的是与个体经营或自由职业的一般特征相关，而不是这些特定的工作方式。这并不意味着这些问题根本不应该予以解决，而是似乎不需要特别关注这些具体的雇佣形式。

目前的研究已经确定了一些公共干预可能有用的领域，其目的在于加强使用那些已被评估为有利于工作人员和雇主的新型雇佣形式，或者是抵消可能会损害工作条件或劳动力市场发展的做法。

这个项目找到了证据表明，一些可能对劳动条件和劳动力市场产生积极影响的新型雇佣形式，在整个欧洲并不是十分普遍，这可能是因为这些雇佣形式的新颖性以及"传统思维"的存在所致，这一"传统思维"坚持对工作场所或劳动力市场创新的探索（例如，雇员共享、临时管理或岗位分担）。建议针对雇主和工作人员采取提供信息以及其他增强意识的措施。其中一些形式需要在生效之前达到临界质量，但是如果它们被广泛所知并且被广泛使用，那么它们可能构成有益的替代方案，用以替代对灵活工作形式的破坏；因此，例如通过雇员共享将跨公司的人力资源需求相结合，相比于临时工作，可能会是一种对于工作人员、雇主和劳动力市场而言更有建设性的解决方案。

同样地，在某些情况下，劳动力市场似乎也不足以支持甚至允许使用有利的新型雇佣形式。这可能是由于文化因素（例如，某些东欧成员国对兼职工作的消极态度或较低的工资水平，这阻碍了岗位分担的使用）或者现行立法对新型雇佣形式施加的框架扼杀了这些形式的全部潜力（例如，在一些国家的雇员共享或基于凭证的工作中就发现了此等情况）所致。

这个项目的实例证据表明，立法和监管框架的澄清和促成都还有待改善。虽然我们认可，工作人员应该有一个健全的安全网，但是监管也应该取得平衡，从而纳入雇主所需的灵活性，特别是在经济困难时期。这些规则应该清晰简明，使雇主、工作人员及其代表和咨询人员都容易理解。此项研究表明，经常性的立法变化导致了目标群体的混乱和不安全感。

对于文中分析的一些雇佣形式，尤其是临时工作，还有 ICT 移动办公、岗位分担或群体雇佣的某些方面，目前的研究清楚地表明，我们有必要为工作人员提供一些安全网。这些灵活的雇佣形式要么由雇主用来应对需求的波动，而传统的永久性全职雇佣对于这样的波动无法构成一种可行的解决办法；要么是想要得到更大灵活性的员工所追求的，他们的目的在于更好地实现个人工作与生活的平衡。因此我们可以认为，这些雇佣形式一般而言是现代劳动力市场的必要组成部分，而且它们不可能消失。对劳动条件和劳动力市场构成固有危险的那些雇佣形式，应当通过立法或者法规来解决。

在一些国家，这一举措已经通过立法或集体协议完成了，但有时工作人员仍然没有得到很好的保障，或者对于工作人员的保障方式使得雇主在实践中无法使用相应的雇佣形式。除了其他问题之外，这可能还会导致未申报的工作。而且可能难以找到平衡，这又再次强调了跨国交流经验和教训所带来的益处。监测和控制机制也可能需要设计或改进。来自这个项目的实例证据是，劳动监察机构没有专门关注新型雇佣形式，而导致这一情况的部分原因在于缺乏对这些雇佣形式的了解，另一部分原因则是资源的缺乏。但是，很多工会都设立了专门的机构，让工作人员可以报告制度的不当使用情况，而这是一项可以跟进的举措。

如果公共预算允许，则可以提供支持来促进那些具有良好工作条件和良好劳动力市场潜力的新型雇佣形式的使用。在这个项目中确定的实例包括可行性研究和针对雇员共享的启动支持、在岗位分担中针对指导计划的财政支持（类似的措施可以用来发展临时管理）或者针对基于凭证的工作给予税收激励。很自然地，上文中提到的指标与劳动力市场和社会政策都密切相关。但是，可以考虑将新型雇佣形式的讨论扩大到其他政策领域。例如，如果某些部门的一些新型雇佣形式比其他部门（特别是农业、旅游、医疗保健和创意产业）更为突出，那么它们可以更好地纳入部门政策之中。同样地，此项研究表明，一些新型雇佣形式尤其被中小企业（SME）所使用，或者可以为他们带来特定的优势（例如，雇员共享、临时管理、联合工作和伞式组织）。因此，对以中小企业（SME）为目标的政策中的这些发展情况进行更系统和结构化的考虑可能是会带来益处。一部分雇佣形式具有区域性，因此可以纳入区域发展政策（例如，雇员共享、联合工作、部分的临时工作以及基于凭证的工作）。创新政策可以包括对新型雇佣形式的讨论，特别是群体雇佣和 ICT 移动办公。

另外，组织结构调整政策是一个关键领域。部分新型雇佣形式（例如，雇员共享和临时管理）已被确定为支持重组的有益工具，不仅在本报告中，而且欧盟委员会在其对"劳动力池"的引述中也有所体现①，"劳动力池"在被视为重组中的一项工具（欧盟委员会，2013）。其他形式（合作社和岗位分担）被认为重组的结果（欧洲议会，2013；欧洲改善生活和工作条件基金会，2015），临时工作似乎被用作重组过程中的工具以及重组的结果。

---

① 假定这与本课题中讨论的雇员共享相对应。

参考文献

（1）人社部社保中心课题组．关于对舆情快报中反映网上个人社保代缴情况进行核实的报告 [R]. 人社部社保中心，2016 年．

（2）2016 年快递业发展现状及趋势研究 [EB/OL]. 搜狐网，https://www.sohu.com/a/75914930_117030，2016 年 5 月 18 日．

（3）《国务院办公厅关于促进农村电子商务加快发展的指导意见》（国办发〔2015〕78 号）．

（4）《国务院关于积极推进"互联网 +"行动的指导意见》（国发〔2015〕40 号）．

（5）《国务院关于进一步做好新形势下就业创业工作的意见》（国发〔2015〕23 号）．

（6）Martin Kenney, John Zysman，贾开．平台经济的崛起 [J]. 经济导刊，2016（6）：64–69.

（7）*New forms of employment*[R]. Coordinating the Network of EU Agencies 2015.

（8）Tina Brown. *The Gig Economy*[N]. The Daily Beast,2009.1.12.

（9）安宇宏．平台经济 [J]. 宏观经济管理，2014（7）：86.

（10）北京试点官方专车，司机无需交份子钱 [N]. 法制晚报，2015 年 9 月 16 日．

（11）北京网约车新政正式实施 [N]. 北京青年报，2017 年 5 月 21 日．

（12）曹卓琼.中心城区平台经济发展对策研究——以宁波市江东区为例 [D].宁波大学，2015 年 3 月.

（13）曾湘泉.变化中的中国劳动力市场：挑战、趋势与展望 [R].中国劳动经济学会年会论坛，2016 年 11 月 19 日.

（14）陈宾.电子商务与快递业的互动关系研究——基于 VAR 模型的动态实证分析 [J].福建师范大学学报（哲学社会科学版），2016（1）：63-82.

（15）陈放.互联网金融的新业态属性及监管研究 [J].探索，2016（1）：180-186.

（16）陈威如，余卓轩.平台战略——正在席卷全球的商业模式革命 [M].北京：中信出版社，2013：7.

（17）陈微波.共享经济背景下劳动关系模式的发展演变——基于人力资本特征变化的视角 [J].现代经济探讨，2016（9）：35-39.

（18）陈云.加强新就业形态扶持问题研究报告 [R].中国劳动保障科学研究院，2016 年 12 月.

（19）滴滴发布 2016《移动出行与司机就业报告》[EB/OL].中国交通新闻网，http://www.zgjtb.com/youzheng/2016-09/23/content_95602.htm，2016 年 9 月 23 日.

（20）为 17 个重点去产能省份提供 388.6 万就业机会 [N].深圳商报，2016 年 7 月 20 日.

（21）丁元竹.推动共享经济发展的几点思考——基于对国内外互联网"专车"的调研与反思 [J].国家行政学院学报，2016（2）：106-111.

（22）再获 5000 万融资 轻松家电进军智能家居市场 [N].北京商报，2016 年 1 月 22 日.

（23）分享经济在欧洲 [J].二十一世纪商业评论，2016（8）：8-9.

（24）高文兵.新业态下大学生的灵活就业和创业 [J].中国高等教育，2015（17）：7-10.

（25）高彦荣.专车合法化问题研究 [D]. 西北大学，2016 年 5 月.

（26）高煜欣，朱文燕等.中国餐饮业 O2O 平台分类比较与启示 [J]. 商业时代，2014（33）：69-70.

（27）郭亮.UBER——新兴交通服务业公司的经营模式分析 [D]. 北京林业大学，2016 年 6 月.

（28）郭露.2016 年中国在线旅游行业发展现状及前景预测 [R]，前瞻产业研究院，2016 年 5 月 30 日.

（29）国家信息中心分享经济研究中心在京成立 [EB/OL]. 国家信息中心网站，http://www.sic.gov.cn/News/79/7730.htm，2017 年 3 月 1 日.

（30）国家制造业强国建设战略咨询委员会，中国工程院战略咨询中心.《中国制造 2025》重点领域技术创新绿皮书——技术路线图 [M]. 北京：电子工业出版社，2016.

（31）陈红书.国外政府如何对待网约车 [EB/OL]. 中国交通新闻网，https://www.yicai.com/news/4696919.html，2015 年 10 月 14 日.

（32）韩文.互联网平台企业与劳动者之间的良性互动：基于美国优步案的新思考 [J]. 中国人力资源开发，2016（10）：86-90.

（33）何师元."互联网 + 金融"新业态与实体经济发展的关联度 [J]. 改革，2015（7）：72-81.

（34）侯登华."四方协议"下网约车的运营模式及其监管路径 [J]. 法学杂志，2016（12）：68-77.

（35）胡春燕.基于信息技术革命的新业态和新模式演化机理及效应 [J]. 上海经济研究，2013（8）：124-130.

（36）劳工问题：共享经济的阿喀琉斯之踵 [EB/OL]. 虎嗅网，http://toutiao.com/i6214180766075585025/，2015 年 11 月 7 日.

（37）姜宁.从网约车发展看政府管理模式创新 [J]. 中国党政干部论坛，2016（5）：83-84.

（38）柯振兴.网约用工的规制路径及权益保障 [J].工会理论研究，2017（3）：15–18.

（39）快递暂行条例焦点解析：信息保护与实名制怎样兼顾 [EB/OL].法治周末，http://finance.sina.com.cn/roll/2017–07–25/doc–ifyihrmf3416064.shtml，2017 年 7 月 25 日.

（40）李德升.加快发展信息产业新业态 [J].宏观经济管理，2015（6）：50–57.

（41）李克强.2016 年政府工作报告 [EB/OL].中国政府网，http://www.gov.cn/guowuyuan/2016zfgzbg.htm，2016 年 3 月 5 日.

（42）李凌.平台经济发展与政府管制模式变革 [J].经济学家，2015（7）：27–34.

（43）李天国，孙瑜香，邹萍，杨舒斐.互联网平台灵活就业信息服务研究报告 [R].人力资源和社会保障部劳动科学研究所课题组，2017 年 6 月.

（44）梁达.大力发展经济增长的新产业新业态 [J].宏观经济管理，2015（7）：16–18.

（45）梁达.新产业、新业态的战略意义 [J].经济研究参考，2015（60）：26.

（46）刘鹏.O2O 本地生活服务电子商务模式研究 [D].北京邮电大学，2012 年 11 月.

（47）刘艳飞，王振."互联网 +"条件下健康服务业新业态研究 [J].改革与战略，2016（11）：151–154.

（48）刘奕.推动平台经济研究服务决策与实践——"互联网时代平台经济崛起"学术研讨会会议综述 [J].财贸经济，2015（11）：160–161.

（49）刘云.欧美国家对制造业分享经济的探索与实践 [J].中国工业评论，2017（6）：52–57.

（50）刘长庚，张磊，韩雷，刘振晓.发展服务业新业态促进消费升级

的实现路径 [J]. 经济纵横，2016（11）：29-33.

（51）马洪君，金玲，穆林，刘兴元."机器换人"新形势下辽宁就业问题的思考 [J]. 辽宁经济，2016（12）：18-20.

（52）孟晔.浮现中的新经济形态——平台经济、共享经济、微经济三位一体 [J]. 互联网经济，2016（3）：12-15.

（53）倪玲霖.物联网置入快递业的机理与方案探索 [J]. 中国流通经济，2014（1）：38-42.

（54）钱广.外卖O2O行业的众包物流模式 [J]. 经营与管理，2016（5）：76-78.

（55）全国社会化电商物流从业人员研究报告 [R]. 北京交通大学，阿里研究院，菜鸟网络.2016年5月.

（56）人力资源和社会保障部社保保障研究所课题组，新就业形态从业人员社会保险问题研究 [R]. 人力资源和社会保障部社保保障研究所，2017年1月.

（57）何鼎鼎.加速补齐快递业的治理短板 [N]. 人民日报，2017年7月26日.

（58）首汽约车开放社会车辆加盟，拥有"两证"为基本条件 [EB/OL]. 腾讯科技，https://tech.qq.com/a/20170511/039180.htm，2017年5月11日.

（59）苏庆华.纠结的关系——互联网+背景下的出租车行业用工关系问题探讨 [J]. 中国人力资源开发，2015（22）：36-38.

（60）孙柏.共享经济背景下互联网专车服务的政府规制问题研究 [D]. 上海师范大学，2016.

（61）孙国亮.浅析互联网平台经济的发展 [J]. 现代经济信息，2008（4）：3-4.

（62）唐镶，李彦君，徐景昀.共享经济企业用工管理与《劳动合同法》制度创新 [J]. 中国劳动，2016（7）：41–52.

（63）唐镳，徐景昀. 共享经济中的企业劳动用工管理研究——以专车服务企业为例 [J]. 中国工人，2016（1）：23–26.

（64）唐镳，余田，王笑颜. 移动互联时代的工作趋势：云工作与云客服 [J]. 中国就业，2015（11）：4–6.

（65）涂永前. 大众创业时代亟须完善自雇劳动者的政策和法律保障 [N]. 法制日报，2015 年 12 月 16 日.

（66）王军. 美国如何管理网约车 [J]. 中国改革，2015（8）：11–16.

（67）王文珍，李文静. 平台经济对我国劳动关系的影响 [J]. 中国劳动，2017（1）：4–12.

（68）王喜文. 中国制造 2025 解读——从工业大国到工业强国 [M]. 机械工业出版社，2016.

（69）王永. 回应 O2O 模式下的参保呼唤 [J]. 就业与保障，2015（10）：35.

（70）温孝卿，张健. 我国第三方支付市场平台商定价研究——基于平台经济特征的探析 [J]. 价格理论与实践，2015（11）：147–149.

（71）吴敏慧. "机器换人"对台州制造业的影响探究 [J]. 统计科学与实践，2016（7）：16–18.

（72）伍业锋. 产业业态：始自零售业态的理论演进 [J]. 产经评论，2013 年 5 月（3）：27–38.

（73）夏妍娜，赵胜. 工业 4.0——正在发生的未来 [M]. 北京：机械工业出版社，2016.

（74）谢卫群. 共享办公来了（走转改·一线调查）[N]. 人民日报，2017 年 4 月 13 日.

（75）徐晋. 平台经济学——平台竞争的理论与实践 [M]. 上海：上海交通大学出版社，2007：8–9.

（76）徐新鹏．共享经济的冷思考——以劳动保护为视角 [J]. 理论导刊，2016（11）：64-67.

（77）叶秀敏．平台经济的特点分析 [J]. 河北师范大学学报（哲学社会科学版），2016（3）：114-120.

（78）俞华．我国微商新业态发展现状、趋势与对策 [J]. 中国流通经济，2016（12）：47-56.

（79）张倍利．也聊网约车新政 [J]. 上海人大月刊，2016（11）：38.

（80）张车伟，杨伟国，高文书．中国人口与劳动问题报告：新经济新就业（2017 版）[M]. 北京：社会科学文献出版社，2017.

（81）张成刚．就业发展的未来趋势，新就业形态的概念及影响分析 [J]. 中国人力资源开发，2016（19）：86-90.

（82）赵碧倩，阴漫雪．本地生活服务 O2O 行业劳动用工现状 [J]. 中国劳动保障发展报告（2017），2017:294-305.

（83）中国互联网络信息中心课题组．国家信息化发展评价报告 [R]. 中国互联网络信息中心，2016 年 11 月．

（84）中国就业促进会课题组．网络创业就业和社保研究报告 [R]. 中国就业促进会，2014 年 12 月．

（85）钟超．中国众筹平台的羊群行为研究——基于众筹网的实证分析 [D]. 南京大学，2015 年 5 月．

（86）朱海平．"网约车"用工法律关系研究 [J]. 福建法学，2016（3）：3-10.

后 记

　　七月末的北京，烈日和暴雨交替上映，马路上行人车辆不多，快递小哥、美团骑手们的身影会时不时映入眼帘，他们是这道美丽风景线的主角，但确实很辛苦。他们是新时代的创造者、守护者，是经济新业态的从业者、践行者，是我们就业工作需要统计的劳动者、被研究者。他们时常成为我们讨论的话题：青年人宁愿去送外卖也不愿进工厂，若干年后没有一技之长如何生存？大街小巷风驰电掣般的快递摩托车，工伤事故很容易发生，如何进行权益保障？新业态从业者们就业规模日益扩大，但在统计中很难囊括，如何加强新兴产业和从业者的统计？

　　正是出于对平台经济这一新生事物快速发展、迅速改变人们生产和生活状况的好奇，出于对新业态从业者们劳动状况存在隐患的担忧，出于对中国人力资源和社会保障部中心工作对于新业态就业、劳动关系、社会保障等领域的关切，笔者在 2017 年承担了该部政策研究司重大课题《完善适应新业态下的劳动用工和社会保障相关问题研究》和中国劳动和社会保障科学研究院基本科研重大项目《基于平台经济发展带动就业的政策研究》，本书正是在这两项课题报告的基础上修改完善而成。

　　课题研究期间，正是二胎宝宝在腹中孕育期间，小川在妈妈的肚子里跟着妈妈走南闯北，听到了在福建省召开的新业态研讨会上大家的疑惑，看到贵州省大数据平台的快速发展，也见证了云南、广西等省（区）对于平台经济就业研究的支持，这也算是别样的胎教，希望孩子以后成为善于发现问题、解决问题，既仰望星空又脚踏实地的人。

这本书得来不易，我将其珍视为我的第三个孩子，不断修正完善。书稿虽已完成，但研究尚未止步，在修改完善书稿的过程中，我发现科技在不断进步，新业态呈现出来的问题如同其带给我们的便利生活一样，日新月异。有一些问题还需要进一步地研究，有待今后持续的思考。希望看到拙作的读者们多提宝贵意见，感谢！

曹　佳

2019 年 8 月 2 日于北京